# IFRS 国際財務報告基準
# 財務諸表への
# 組替仕訳 ハンドブック

公認会計士 **長谷川茂男** ［著］
Hasegawa Shigeo

## 第2版

中央経済社

# はじめに

2010年に IFRS の任意適用が認められてから約10年が過ぎました。現在の IFRS 任意適用企業数は約220社ですが，それらの企業の時価総額の合計は東証上場会社の時価総額の50％近くになっています。つまり，規模の大きな企業が IFRS の任意適用を行っているということです。これは，同じ業界の外国企業との財務数値の比較可能性を高めることが IFRS 適用のメリットの1つといわれることからすると当然かもしれません。IFRS がそれなりの存在感を示しつつあるといえます。

本書の特色は，設定した架空の会社が IFRS の任意適用を行い，IFRS 財務諸表を作成する過程を見ていただけることにあります。第5章では，特に，IFRS 組替仕訳を中心に説明しており，会計の実務家の方々には有用なものになると思っています。実務では，仕訳が作成できないと話にならないからです。

IFRS 組替仕訳は，通常の会計帳簿の作成のための仕訳とは異なる点を2つ有しています。1つ目は税効果で，2つ目は繰越仕訳です。この2つが IFRS 組替仕訳を非常に難しくしています。いずれも，通常の会計帳簿の作成のための仕訳には含まれないものです。IFRS 連結財務諸表の作成のための IFRS 組替仕訳を手作業ではなく，システムを利用して自動作成することは可能です。しかし，この自動仕訳については，適切なシステムのメンテナンスが必要であり，仕訳の内容がブラック・ボックス化する危険性をはらんでいます。自動仕訳化するにしても，IFRS 組替仕訳の内容とその趣旨を理解することは，大変重要です。

米国基準と比べるとボリュームが少ない IFRS でも，本書の中に網羅的に IFRS の規定を盛り込むことや，IFRS と日本基準の違いのすべてを示すことは不可能です。特に，IFRS が要求する開示については，一部しか紹介していません。本書では，ある程度の優先づけ，重要性づけを行い，日本の一般的な企業に該当すると思われる IFRS と日本基準の違いを示し，その違いに関して

IFRS 組替仕訳を紹介しています。したがって，本書で取り上げている架空の会社はあくまで例示にすぎず，実際には本書で取り上げたもの以外の IFRS 組替仕訳が必要とされる場合があることも，あるいは本書で取り上げた IFRS 組替仕訳が不要となる場合もあることにご留意ください。また，IFRS は英語で書かれており，詳細な検討をする場合には，是非，原典を読んでいただくことを推奨します。

　初版の発行から約 4 年が経過しましたが，その間に，IFRS では IFRS 第 9 号「金融商品」，IFRS 第15号「顧客との契約から生じる収益」，および IFRS 第16号「リース」が強制適用となりました。また，日本基準では収益認識基準が公表されました。これにより，収益認識に関する IFRS と日本基準の間の重要な差異はなくなり，初版で示していた IFRS 適用のための収益認識に関する IFRS 組替仕訳は第 2 版では除かれています。また，税効果会計基準の改正により日本基準でも IFRS と同様に繰延税金資産・負債が非流動に表示されることになったため，第 2 版では関連する IFRS 組替仕訳も除かれています。

　最後に，本書の出版にご尽力いただいた中央経済社の末永芳奈氏に深く感謝の意を表したいと思います。

　2021年 6 月

長谷川茂男

# 目　　次

## 付録

# 第1章

# IFRSの特徴

## 1 ┃ 上場企業の IFRS の適用状況（日本と世界）

### (1) IFRS の世界的な拡大

　IFRS（International Financial Reporting Standards）（国際財務報告基準）（一般的には国際会計基準と呼ばれることが多い）は，世界の企業が共通に使用する会計基準となることを目指して，公認会計士の集まりである IASC（International Accounting Standards Committee）により1973年より作成が開始され，作成はその後，2001年に第三者機関である IASB（International Accounting Standards Board）に引き継がれました。

　IFRS がほぼ現在のような形になった後，2015年1月1日から EU 域内の上場企業の IFRS 強制適用が開始されましたが，IASB による IFRS 適用の啓蒙活動により，EU 域内に留まらず，世界の他の国の上場企業が IFRS を採用するようになっています。

　日本では，2010年3月期から IFRS の任意適用が開始されていますが，米国では米国国内の上場企業が IFRS を使用することは認められていません。世界の主要国の中で上場企業に IFRS が強制適用されていない国は米国と日本だけになっているといってよいでしょう。

## ⑵　日本の IFRS 適用の状況

　日本では IFRS の任意適用が認められています。任意適用が認められた当初は，任意適用のためのいくつかの条件が設定されていましたが，現在ではその条件のほとんどが撤廃され，任意適用のための条件はほとんどない状況となっています。IFRS の任意適用は2010年 3 月期から認められましたが，その後数年は任意適用企業の数は限定的でした。

　しかし，自民党政権で安倍内閣になってからはより積極的に IFRS の任意適用が奨励されるようになり，2021年 5 月末現在では，IFRS 適用済会社数は220社，適用決定会社数は12社の合計232社になっています。

## ⑶　IFRS 適用のメリット

　統一したルールは，オリンピックをはじめ世界的な競技会の前提となっています。ところが，会計の世界では，IFRS の出現までは，各国が各国独自の会計基準を持ち，自国の会社に使用させていました。そのため，企業の存在する国の会計基準により算出の方法が異なる「利益」の比較は困難な状況にありました。

　例外は米国の状況で，米国の証券監督機関である SEC（米国証券取引委員会）は，米国のすべての上場企業（もちろん日本の企業などの海外企業を含む）に米国基準の適用を強制しました。したがって，米国内では企業の所在地国に関係なく，使用する会計基準を米国基準に統一したことで，米国上場企業間の比較は可能となっていました。

　しかしながら，米国上場企業は世界的には一握りの企業であり，他の企業に関しては同じ会計基準を使用している自国内の企業との比較は可能でも，外国の企業との比較はできません。⑴で触れた EU 域内の上場企業については，IFRS が強制適用されており，同一のベース（IFRS）で算定された企業の利益が比較可能となりました。IASB の野望の 1 つは，IFRS を世界のすべての上場企業に適用することで，それにより企業間の比較可能性を向上させることにあります。そして，その野望は，日本の状況を含めて着実に達成されてきてい

ます。投資家の立場からは，投資の検討対象となる会社がすべて日本に存在し，すべての会社が日本基準を採用していれば，この比較可能性の問題は生じません。つまり，国内のみで競争をしている会社については，通常，他の同業の海外の企業と比較することもないため，企業が IFRS を適用することによる投資家の大きなメリットはないでしょう。投資家の観点からの IFRS 適用のメリットは，海外企業と競争している会社が IFRS を適用することにあります。財務諸表作成者（企業）の観点からもライバルの海外企業との比較ができるようになるメリットや，IFRS 適用による会計上のメリットもあるかもしれません。会計上のメリットとして，一般的にいわれているのは IFRS での「のれんの非償却」です。

　以下では，IFRS の大きな特徴について説明します。

## 2 ┃ IFRS の財務諸表

　IFRS では，「IFRS に従った完全な一組の財務諸表」という概念があります。「IFRS に従った完全な一組の財務諸表」は以下から構成され，これらのすべてを含まないと IFRS の財務諸表とはいえません。比較情報として，過年度の比較情報（最低限1年）の表示が求められます。そのため，最低限，当年度と前年度の2年分の財務諸表および注記が表示されます。また，通常，財務諸表は連結財務諸表を指します。

(a) 期末日の財政状態計算書（statement of financial position）

(b) 期間の「損益及びその他の包括利益計算書（statement of profit or loss and other comprehensive income）」

(c) 期間の持分変動計算書（statement of changes in equity）

(d) 期間のキャッシュ・フロー計算書（statement of cash flows）

(e) 注記，重要な会計方針とその他の説明の情報

(f) 一番早い比較年度の期首現在の財政状態計算書（企業が会計方針を遡及して適用する（または財務諸表で項目の遡及修正をする）場合，財務諸表で組替をする場合，または IFRS を初度適用する場合（13ページ参照）には，

比較期間の期首の財政状態計算書が要求されます。）

　各表の名称は，IFRS の基準書で使用する以外の名称でもかまいません。企業は，完全な一組の財務諸表のすべての財務諸表を同等に取り扱うことが要求されます。

　日本基準では，「キャッシュ・フロー計算書」は1999年 4 月以降開始する年度から，「株主資本等変動計算書（IFRS の持分変動計算書に相当）」は2005年 5 月 1 日以降開始する年度から導入されており，現在は IFRS とほぼ同じ財務諸表が要求されています。ただし，日本基準で要求されている注記は，IFRSと比較するとかなり少ないものになっています。

## 3 ▎IFRS の特徴①　資産・負債アプローチとその他の包括利益

　この最初の特徴（「資産・負債アプローチの定義」と「その他の包括利益」）が IFRS を理解するにあたって，最も重要な特徴となります。「資産・負債アプローチの定義」では，IFRS の基礎となる「資産・負債アプローチ」を理解することが重要です。「資産・負債アプローチ」のもとでは，①取得原価（取得時の公正価値）で計上されている資産について，評価減（減損）の可能性がある場合は，条件を満たせば評価減が計上されること，②資産・負債の変動により生じる損益（最終損益は「包括利益」）は今までの「当期純利益」とは異なることが大きな特徴です。「当期純利益」と「包括利益」の差額を「その他の包括利益」といいます。この「その他の包括利益」に含まれる項目は新たに生じたものではなく，すでに存在していたもので，IFRS・米国基準・日本基準の従来の会計では，「資本の部（日本基準では「純資産の部」）」で直接認識することを要求される項目でした（発生主義の例外）。発生したこれらの項目は「資産・負債アプローチ」の採用後は，「その他の包括利益」として計上されることになり，その期間の「その他の包括利益」は期末には「その他の包括利益累計額」として，「資本の部」に示されます。そのため，これらの項目の期末残高は今までどおり「資本の部」計上されます。また，米国基準・日本基準が従来の会計では強制していたリサイクリング（以下(2)参照）の一部は

IFRS では禁止されていることに注意が必要です。

## (1)　資産・負債アプローチの定義

「資産・負債アプローチ」の定義は IFRS では明確には示されていません。

しかし，概念フレームワーク（IFRS には含まれませんが，IFRS における資産・負債・資本・収益・費用などを定義しています）を基礎にすると，「資産・負債アプローチ」は「資本取引以外の資産と負債の増減から収益と費用（包括利益）が発生する」考え方ということになります。

この「資産・負債アプローチ」の定義と概念フレームワークの内容から，以下のことがいえます。

### (a)　減損損失計上の必要性

資産として計上されるのは資産の定義を満たすもののみであり，資産の定義を満たさなくなった場合はもはや資産ではなく，評価減（減損）が必要となります。どのような場合に，どのようにして減損損失を把握するか（減損テストの内容）については各 IFRS 基準書が規定しています（図表1－1参照）。

図表1－1　減損テストの対象資産と減損の方法

| 対象資産（関連 IFRS） | 減損の方法 |
|---|---|
| 棚卸資産（IAS 第2号） | 低価法（「取得原価」が「公正価値を基礎とした金額」を上回る場合に減損を計上） |
| 金融商品（売上債権・貸付金・投資）（IFRS 第9号） | 「公正価値」を基礎 |
| 長期性資産（有形固定資産・無形資産）（IAS 第36号） | 「公正価値」を基礎 |
| 売却目的保有の長期性資産（有形固定資産・無形資産）（IFRS 第5号） | 低価法（「取得原価」が「公正価値を基礎とした金額」を上回る場合に減損を計上） |

## ⒝ 減損損失の戻入れの強制

　⒜と同様に，資産の定義を満たすことになれば（資産としての価値が増えれば），以前に評価減（減損）した部分は資産として再度計上されます。

## ⒞ 最終損益は包括利益

　資産と負債の変動の結果として損益が発生するので，従来の発生主義の例外（以下⑵参照）も「その他の包括利益」として損益（包括利益）に含まれます。「資産・負債アプローチ」での最終損益は「包括利益」と呼ばれ，従来の最終損益である「当期純利益」とは異なります。

## ⒟ 特別損益の概念はない

　「収入（revenue）」と「利得（gain）」，「費用（expense）」と「損失（loss）」の区分をしておらず，日本基準の特別損益の概念はありません。

## ⑵ その他の包括利益

　IFRSがまだ存在していなかった頃に，世界的に唯一認められた会計基準であった米国基準では，すでに「資産・負債アプローチ」を導入していました。
　米国基準では，「資産・負債アプローチ」を確立する前の段階で，現代の会計の原則である「発生主義」では収益・費用を計上すべき未実現の特定の項目を収益・費用として計上せずに，直接，資本の部で計上するという会計処理を確立していました。
　これらの会計処理を行う項目の典型的な例は，投資有価証券の未実現損益，海外子会社の為替換算調整勘定です。これらの項目は，発生主義によることなく，発生時には損益計算書を通さず（損益を計上せず），直接，資本の部（日本基準では「純資産の部」）に計上されました。つまり，発生主義の例外を認めたことになりますが，これらの項目が未実現という性格を有していることから，会計上の約束事として，実現した場合には「当期純利益」に含めること（リサイクリングと呼ばれる）としていました。そして，「資産・負債アプローチ」

の導入に伴い，発生時には「当期純利益」に含められなかったこれらの項目を
「その他の包括利益」として，「包括利益」に含めました。

　IFRSは，米国基準に遅れて「資産・負債アプローチ」を導入しましたが，
その内容は，米国基準とほぼ同じ内容といえます。ただし，すべての項目のリ
サイクリングを認める立場ではなく，一部の項目のみのリサイクリングを認め
ている点（詳細は152ページ参照）が異なります。

　日本基準も，1998年に開始した会計ビッグバンを通じて，米国基準に合わせ，
内容を変更・追加してきました。その結果，日本基準では「資産・負債アプ
ローチ」という用語は使用されていませんが，減損会計なども採用されている
ことから，「資産・負債アプローチ」を採用しているといってよいでしょう。
日本基準は，米国基準と同様にリサイクリングを認めています。また，包括利
益については，2011年3月31日以降に終了する年度から連結財務諸表での表示
が要求されています（個別財務諸表での表示要求はありません）。

　図表1-2は，「その他の包括利益」の計上を含めた「資産・負債アプローチ」
の流れを示したフローチャートです。

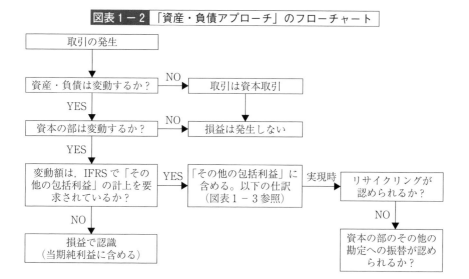

図表1-2　「資産・負債アプローチ」のフローチャート

8

「包括利益の表示前（包括利益計算書導入前）」と「表示後」の仕訳の比較を
図表1－3に示します。

<table>
<tr><td>図表1－3</td><td>包括利益の表示前と表示後の仕訳の比較</td></tr>
</table>

【前提】
- 日本基準
- その他の有価証券の公正価値での評価（発生主義の例外が認められた項目）
- 当期に，その他有価証券を取得価額70百万円で購入
- 期末の株価は100百万円
- その年度の当期純利益は200百万円
- 実効税率は30％
  その他の包括利益は税効果後の金額で示されます。

【包括利益計算書の導入前（単位は百万円）】

| 仕訳 | | 損益計算書 | | 貸借対照表 | |
|---|---|---|---|---|---|
| （借方） | （貸方） | 当期純利益 | 200 | 純資産の部（日本基準） | |
| 有価証券 30 | 未実現損益 21 | 仕訳の影響なし | | 有価証券未実現損益 | 21 |
| | 繰延税金負債 9 | | | | |

【包括利益計算書の導入後（単位は百万円）】

| 仕訳 | 包括利益計算書 | | 貸借対照表 | |
|---|---|---|---|---|
| 導入前と同じ | 当期純利益 | 200 | 純資産の部（日本基準） | |
| | （変更なし） | | その他の包括利益累計額 | 21 |
| | その他の包括利益 | 21 | （科目名変更） | |
| | 包括利益 | 221 | | |

　実務では包括利益の表示の導入後も，仕訳で「その他の包括利益」勘定を使
用しないことが一般的です（23ページ参照）。

　リサイクリングにおいては，「その他の包括利益累計額」から「当期純利益」
に組み替えられた金額（21百万円）と同額が「その他の包括利益」としてマイ
ナスの金額（△21百万円）として示されることになるので，「包括利益」の金
額（250百万円）は変わりません。

図表1−4に例を示します。

**図表1−4　包括利益と当期純利益の関係**

【前提】
- 図表1−3の前提はそのまま（包括利益計算書の導入後。会計年度は2020年3月31日終了年度）
- 2020年3月31日終了年度と2021年3月31日終了年度の税前利益，当期税金費用，繰延税金費用は以下のとおりです。
- 2020年4月1日に，取得価額70百万円のその他有価証券を100百万円で売却した（2020年3月31日の株価も100百万円）
- 2021年3月31日終了年度の当該有価証券の売却損益を含まない当期純利益は250百万円（当期純利益の内訳は以下の表のとおり）

（単位：百万円）

| | 3月31日終了年度 | | | |
|---|---|---|---|---|
| | 2020年 | 2021年 | | |
| | | リサイクリング前 | リサイクリング | リサイクリング後 |
| これより上は省略 | ************************************** | | | |
| 有価証券売却益 | | | 30 | 30 |
| 税前利益 | 230 | 350 | | 350 |
| 当期税金費用 | (150) | (80) | | (80) |
| 繰延税金費用 | 20 | (20) | (9) | (29) |
| 　法人税計 | (130) | (100) | (9) | (109) |
| 当期純利益 | 200 | 250 | 21 | 271 |
| その他の包括利益 | | | | |
| 　（有価証券未実現損益） | | | | |
| 　　発生 | 21 | | | |
| 　　売却 | | | (21) | (21) |
| その他の包括利益計 | 21 | | (21) | (21) |
| 包括利益 | 221 | 250 | 0 | 250 |

## 4 ▎IFRSの特徴②　原則主義

　IFRSは「原則主義（principle based）」といわれています。「原則主義」は「規則主義（rule based）」との対比で考えるとよくわかります。会計において，

この「原則主義」と「規則主義」の対比が大々的に行われはじめたのは，米国でのエンロン事件発生以降です。米国基準はその長年の歴史を背景にした詳細で膨大な会計基準で，発生が想定されるほとんどの取引の会計処理を規定していました。この「規則主義」を採用する米国基準側は，基本的なことしか規定していない IFRS は実務では使用できないと主張していました。しかし，連結の範囲に関して米国基準で規定していた数値規準を形式的に満たすことによりエンロンの粉飾が行われたため，「原則主義」と「規則主義」との議論は，IFRS（原則主義）の勝利となったのです。FASB（Financial Accounting Standards Board；財務会計基準審議会。米国基準を規定する機関）は，エンロン事件以後は「原則主義」の基準書を発行することに方向転換しました。

　IFRS が「原則主義」を採用した理由として，① IFRS の作成にかけた時間が限定的であったこと，② IFRS はグローバルに使用されることを前提にしたため，各国の意見が一致する最低限の事項のみを規定した基準書の作成しかできないことが考えられます。「原則主義」の会計基準しか作成できなかったといってもよいでしょう。一方，米国基準は100年以上をかけて醸成された会計基準であり，また，米国企業のための基準であることから，他の国の状況はほとんど考慮せず，自国のことだけ考えて多くの詳細な基準書等を作成することができたのです。「原則主義」は，原則が触れていない詳細な部分について経営者が好き勝手に会計処理を決定できることを意味しません。会計処理の決定にあたっては，その決定が合理的であることを証明する必要があり，その決定は必ず会計方針として文書化されなくてはなりません。ここがキー・ポイントであり，IFRS 導入の実務上の困難性でもあります。また，外部に対しては決定した会計方針の説明責任が生じることになります。日本基準も「規則主義」の会計基準といえます。図表1－5において，原則主義と規則主義を比較しています。

**図表1-5　原則主義と規則主義の比較**

| 内　容 | 原則主義 | 規則主義 |
|---|---|---|
| 基準書などの量 | わずか | 膨大 |
| 解釈指針 | 原則，発行しない | 大量発行 |
| 財務諸表作成者（監査人）の判断の余地 | かなりの部分について判断の余地あり | 限定的 |
| 経営者・監査人の責任 | 判断の余地が増す分増加する | － |
| 企業間の比較可能性 | 可能性の程度は規則主義に比べて低い | 可能性の程度は原則主義に比べて高い |
| 重要性の判断の基礎となる金額 | 同額（変わらない） | 同額（変わらない） |
| 財務諸表作成者のための会計方針の文書化 | 必要 | 文書化しなくても支障がない場合がある |
| 数値基準 | 原則示さない | 時として示す |
| 例外 | 規則主義に比べて少ない | 原則主義に比べて多い |

　IFRSではできる限り例外を排除し，原則的な取扱いをします。その例外は図表1-6のとおりです。

**図表1-6　IFRSの例外**

| 原　則 | 例　外 |
|---|---|
| 資産の定義と認識規準を満たせば，資産を計上する。 | 条件を満たした開発費，企業結合における被取得企業の無形資産以外の自己創設無形資産の資産計上は禁止。 |
| 減損の戻しは強制する。 | のれんについては，減損の戻しを禁止。 |
| 発生主義。 | キャッシュ・フロー計算書（現金主義）。 |
| 企業結合では，資産・負債の定義を満たしたものを認識し，公正価値で測定する。 | いくつかの例外。 |
| 繰延税金負債は将来加算一時差異について認識する。 | のれん等については繰延税金負債を認識しない。 |

| 公正価値オプションを採用する金融負債の公正価値の変動はその他の包括利益に計上する。 | きわめて限定的な場合には損益で計上する。 |
|---|---|
| 非上場株式は公正価値でその後の測定をする（IFRS 第 9 号）。 | きわめて限定的な場合には，取得価額で計上する。 |

# 5 ▌IFRS の特徴③　財務諸表の表示科目の自由度

　日本では有価証券報告書の雛形で，表示すべきほとんどの科目が決められていますが，IFRS では，財務諸表の表示科目については一部の強制表示科目が決められているのみで，その他の科目の表示に関しては企業に任されています。

　特に，IFRS の包括利益計算書で示される利益に関しては以下の特徴があります。

(a)　最終利益は（当期純利益（IFRS では当期利益に相当）ではなく）包括利益

(b)　「営業利益」は表示可能である（強制ではない）。

　　日本で任意適用している会社（IFRS 適用日が2015年 3 月31日以前の会社80社）のうち，約70％が営業利益を表示しています。

(c)　「営業外損益」，「特別損益」の概念はない。

　　IFRS では，一般的に，金融損益（支払利息，受取利息など），投資損益（有価証券売却損益，受取配当など）以外はすべて「営業利益」に含まれ，以下も「営業利益」に含まれることになります。

- 固定資産売却損（過去の減価償却の修正）
- リストラ費用
- 減損損失

　つまり，日本基準と IFRS では「営業利益」の範囲がかなり違うことに注意が必要です。また，IFRS では「経常利益」は表示されることはなく，その概念すらありません。

# 6 ┃ IFRS の特徴④　初度適用企業のための基準書の存在

　IFRS は，2005年 1 月 1 日から EU 域内で強制適用となった新しい会計基準なので，初度適用企業のための基準書（IFRS 第 1 号）を持っています。より長い歴史を有する日本基準や米国基準にはこのような基準書はありません。IFRS 第 1 号の主な内容は以下のとおりです。

(a)　初度適用企業の定義（過去に IFRS で規定する財務諸表を外部に公表していない企業）

(b)　初度適用のためのグループ会計方針（「IFRS 報告日」現在の IFRS を基礎に作成）

(c)　財政状態計算書の追加（IFRS は最低 1 年の比較年度の表示（当期（IFRS 適用年度）と合計して 2 期間）を要求しているが，財政状態計算書は 1 期分の追加（「IFRS 移行日」現在の財政状態計算書））

(d)　免除規定と例外規定（IFRS を基礎としたグループ会計方針は会社の設立からのすべての取引に遡及適用することが原則ですが，多くの免除規定（遡及適用しなくてもよい項目（会社の選択））と例外規定（遡及適用してはいけない項目）を規定している）

(e)　初度適用年度の開示（従来の会計基準（GAAP）と IFRS の調整表の開示要求）

---

　第 3 章から紹介する組替株式会社の例では，組替株式会社は，2022年 3 月31日終了年度から IFRS の任意適用を行うので，2022年 3 月31日が「IFRS 報告日」で，2020年 4 月 1 日が「IFRS 移行日」となります。IFRS 適用年度（2022年 3 月31日終了年度）と比較年度を表示しますが，比較年度は IFRS で要求している最低の期間である 1 年（2021年 3 月31日終了年度）を想定しています。また，比較年度の期首である2020年 4 月 1 日現在の財政状態計算書も表示します。

## 7 ┃IFRS の特徴⑤　金融商品の会計

　IFRS は売上債権，有価証券といった科目の括りではなく，金融商品という
括りで基準書を作成しています。金融商品の認識と測定に関しては，従来は
IAS 第39号が規定していましたが，IASB は IAS 第39号が暫定的な基準書であ
るとの立場を取っていました。IASB は，FASB との共同プロジェクトで基準
書を作成することで金融商品会計のコンバージェンスを目指しましたが，両者
間には多くの意見の相違があり，結果として，コンバージェンスは実現しませ
んでした。IASB は IAS 第39号に代わる IFRS 第 9 号を公表しましたが，
FASB は IFRS 第 9 号と異なる内容の金融商品の基準書を公表したため，金融
商品会計に関して IFRS と米国基準の間には多くの差異が存在することになり
ました。IASB は，金融商品の認識と測定について，図表 1 − 7 に示すように，
IFRS 第 9 号を段階的に公表してきており，2014年の減損の部分の公表で IFRS
第 9 号は完成となりました。IAS 第39号は，その多くの部分が IFRS 第 9 号に
移動し，現在ではヘッジ会計のみを規定しています。現行の金融商品に関する
日本基準は，会計ビッグバンにより米国基準に近いものとなっていますが，
IFRS とのコンバージェンスは行われていません。

図表 1 − 7　IFRS 第 9 号の開発状況

| IAS 第39号での内容 | IFRS 第 9 号（かっこ内は発行年度） |
| --- | --- |
| 金融資産の認識と測定 | IFRS 第 9 号（2009年） |
| 金融負債の認識と測定 | IFRS 第 9 号（2010年） |
| 認識の中止 | IFRS 第 9 号（2010年）。IAS 第39号から移動，変更なし |
| ヘッジ会計（全般） | IFRS 第 9 号（2013年） |
| 減損 | IFRS 第 9 号（2014年） |

## 8 ┃ IFRS の特徴⑥　公正価値オプション

　公正価値オプションは，特定の資産・負債を指定することにより公正価値で評価できるという，日本にはまったくない考え方で，ヘッジ会計や金融商品会計全体に影響を及ぼすものです。一部について公正価値評価が要求される金融資産ばかりでなく，金融負債（仕入債務，借入金など）に関しても，公正価値オプションを選択することで公正価値により評価する道を開いています。金融商品を規定する IAS 第39号や IFRS 第 9 号では，会計上の（損益）ミスマッチを消去または軽減する場合，金融資産・金融負債が公正価値で管理されている場合などの条件付きで金融商品の公正価値オプションの指定が認められます。実務的には，多くの金融機関が公正価値オプションを使用しています。一般企業での使用は限定的であるために本書では詳しく説明していませんが，理論的な観点からは重要な概念です。

## 9 ┃ IFRS の特徴⑦　比較可能性の重視

　比較可能性（comparability）には，(1)同一企業内での 1 つの財務諸表に示される年度間の比較可能性と，(2)異なった企業間での比較可能性があります。概念フレームワークでは，双方の比較可能性について保持する旨が示されていますが，IFRS の本質である原則主義により会社の決定する会計方針が多いため，(2)の比較可能性の保持は(1)に比べて困難と思われます。ここでは，比較可能性の保持のため IFRS が用意している以下の 6 つの手段を挙げておきます。

- 比較財務諸表の表示（最低限，1 期間）
- 売却目的保有資産の表示（第 5 章 **4** 参照）
- 非継続事業（discontinued operation）の表示（第 5 章**16**参照）
- 過年度の数値の遡及修正（会計方針の変更，新基準書の適用，誤謬の修正）
- 普通株式の併合・分割の場合の 1 株当たり利益の計算の遡及修正
- 企業結合において期首取得と仮定した被取得企業の損益の合算（プロ・フォーマ）

## 10 │ IFRS の特徴⑧ 「実務上不可能」の概念

　「実務上不可能（impracticable）」とは，「企業が適用のためにあらゆる合理的な努力をしても適用ができないこと」です。IFRS には，実務上不可能の場合には，原則的な取扱いをしなくてよいとする（原則的な取扱いではなく，簡略的な取扱いができることを含む）多くの規定があります（図表1－8参照）。この実務上不可能の規定は，費用対効果の観点から，多大な費用（時間を含む）を費やすことが合理的でないケースを想定しての規定と思われます。同図表に示したケースの場合に，実務上不可能であれば原則的な取扱いを実施しなくてもよいのですが，実務上不可能となる場合はかなり限定的と理解すべきです。また，実務上不可能とした場合には，その旨と理由の開示が要求されることになります。これも，ただ理由を開示すればよいのではなく，その理由が客観的に合理的でなければなりません。

**図表1－8　実務上不可能な場合が規定されている主なケース**

| 基 準 書 | 内 　容 |
|---|---|
| IFRS 第3号「企業結合」 | 開示 |
| IFRS 第8号「事業セグメント」 | ・当期において開示の条件を満たした報告セグメントに関する過年度の修正表示<br>・セグメントを変更した場合の過年度の修正表示 |
| IAS 第1号「財務諸表の表示」 | 表示や科目の変更による過年度の修正 |
| IAS 第8号「会計方針，会計上の見積りの変更及び誤謬」 | ・誤謬の修正，会計方針の変更の影響に関する遡及修正<br>・新基準書の適用の影響額 |
| IAS 第27号「個別財務諸表」 | 子会社の報告日の統一 |
| IAS 第28号「関連会社及び共同支配企業に対する投資」 | 関連会社の報告日の統一 |
| IAS 第37号「引当金，偶発負債及び偶発資産」 | 偶発負債の開示 |

## 11 ┃ IFRS の特徴⑨　基準書の公表から強制適用日までの期間

　以下の会計基準書は，最近の重要な基準書です。

| 基 準 書 | 適　　用 |
|---|---|
| IFRS 第 9 号「金融商品」（2014年） | 2018年 1 月 1 日以降開始年度 |
| IFRS 第15号「顧客との契約から生じる収益」 | 2018年 1 月 1 日以降開始年度 |
| IFRS 第16号「リース」 | 2019年 1 月 1 日以降開始年度 |

　IASB は，新しい基準書を発行する場合には，まず公開草案を公表した後，
関係者から公開草案に関するコメントを募り，その内容を反映して最終基準書
を公表します。また，最終基準書の公表からその基準書の適用日（強制適用日）
の間にはある程度の期間を置きます。上記の基準書は重要な基準書であるため，
基準書公表日から強制適用日までの期間が他の基準書の場合より長くなってい
ます。基準書によっては，早期適用を認めるものもあります。

## 12 ┃ IFRS の特徴⑩　見積りについての考え方

　最後の特徴は IFRS の特徴でもありますが，日本基準を含む現代の会計の特
徴でもあります。現代の会計では，公正価値の使用の頻度が高まっていること
もあり，マネジメントの見積りを要求する機会が増加しています。そして，見
積りのための「実現または発生の可能性」を示す多くの用語が IFRS で使用さ
れています。しかしながら，実務上，これらの判断には困難がつきまとい，そ
の判断の可能性の程度を示す用語も客観性に乏しいものとなっています。
IFRS で使用されている発生の可能性の程度を示す用語の内容は図表 1 － 9 の
とおりです。

| 程度 | 内　　容 |
|------|---------|
| 低 | わずか（remote） |
| ↓ | 可能性が高い（probable）<br>50％を超える（more likely than not） |
| | 可能性が非常に高い（highly probable, significantly more likely than not） |
| 高 | ほぼ確実（virtually certain） |

IFRS では「probable」は「more likely than not」と同じ意味と解釈されています。

見積りの例としては以下が挙げられます。

- 引当金（例えば貸倒引当金）の設定に伴う基礎（例えば貸倒実績率）
- 減損テストのための前提（将来のキャッシュ・フロー，割引率等）
- 減価償却に関する償却方法・耐用年数・残存価額
- 公正価値の計算

# 第2章

# 組替仕訳とは

## 1 組替仕訳（AJE と RJE）

### (1) 組替仕訳

　ある会計基準で作成された財務諸表から，異なる会計基準の財務諸表を作成するためには，会計基準の違いを反映した「仕訳」を作成しなければなりません。本書では，この「仕訳」を「組替仕訳」と呼び，IFRS の財務諸表作成のための「組替仕訳」を「IFRS 組替仕訳」と呼ぶことにします。

　IFRS の財務諸表の作成方法には，以下のいずれかが考えられます。

---

(a) 帳簿を IFRS で作成する。
(b) 帳簿は現在の基準により作成し，「IFRS 組替仕訳」を加えることにより IFRS に組み替える。

---

　日本の親会社では，会社法の関係から日本基準の個別財務諸表を作成しなければならないことから，(b)の方法を採用することになると思われます。また，(b)の場合には，「組替仕訳」を子会社で作成するのか，親会社で作成するのかが問題となります。

## ⑵ 誰が組替仕訳を作成するか

　従来の連結手続においては，海外子会社については現地の基準で作成された財務諸表をそのまま連結する手法（いわゆる「現地主義」）が採用されていました（ただし，会計処理が明らかに不合理と認められる場合は連結修正が必要）。

　しかし，実務対応報告第18号の<u>当面の間の措置</u>を採用する場合には（ほとんどの企業が当面の間の措置を適用していると思われます。），海外子会社について，IFRSと米国基準のいずれかの適用が要求されています。なお，実務対応報告第18号の改訂作業が行われる可能性があり，海外子会社について日本基準での取扱いが変更された場合，IFRS組替仕訳に影響を与える可能性があります。

　親会社がIFRSによって連結財務諸表を作成することを決定した場合，子会社が親会社に報告するために適用する会計基準について，以下の選択が考えられます。

| 子会社 | 会計基準 | IFRS 組替仕訳作成者 |
|---|---|---|
| 国内子会社 | 日本基準か，IFRSか | 親会社か，子会社か |
| 海外子会社 | 現地の基準か，IFRSか | 親会社か，子会社か |

　IFRSを適用する場合，IFRSへの組替仕訳は誰が作成するかを決定する必要があります。国内子会社について一般的に行われるのは，日本基準の財務諸表と組替仕訳のための情報を親会社が報告し，親会社でIFRSへの組替仕訳を作成することです。

　海外子会社については，現地でIFRSが強制されているとしても，その要求は上場会社のみである場合が多く，日本の海外子会社の多くの帳簿はIFRSではなく現地基準で作成されていると思われます。海外子会社については，IFRS組替仕訳の作成者の決定にあたって以下のことが考慮されます。

　(a)　海外子会社の担当者がIFRSを充分に理解しているか？
　(b)　海外子会社がIFRSの財務諸表を作成した場合には，誰がそれを妥当と判断

するのか（子会社の監査人が十分な監査ができるのか）？

　独立性の観点から会計監査人が組替仕訳を作成することはできないので，連結グループの中の<u>誰か</u>が現地基準とIFRSの差異を理解して，IFRS組替仕訳を作成する必要があります。

## (3)　AJE と RJE

　仕訳は「帳簿に含まれる仕訳」と「帳簿には含まれない仕訳」に区分できます。「帳簿に含まれない仕訳」の１つは主に連結財務諸表を作成するための仕訳であり，連結のための「内部取引の消去」や「投資と資本の消去」の仕訳が該当します。これは「EJE（Elimination Journal Entry）」と呼ばれます。もう１つは，帳簿の会計基準とは異なる会計基準の財務諸表作成のための間の「組替仕訳」であり，その仕訳のうち損益に影響のある仕訳は「AJE（Adjusting Journal Entry）」，影響がない仕訳は「RJE（Reclassification Journal Entry）」と呼ばれます。

### 図表2－1　帳簿に含まれない仕訳

| 仕訳 | 種類等 | 例 |
|---|---|---|
| 連結仕訳（EJE） | 連結のための仕訳 | 内部利益の消去<br>資本と投資の消去 |
| 組替仕訳 | 利益に影響を与える仕訳（AJE） | 第5章の**1**～**15**，**17**～**22**の仕訳 |
| | 利益に影響を与えない仕訳（RJE） | 第5章の**16**，**23**の仕訳 |

## (4)　組替仕訳と財務諸表の関係

　組替仕訳と異なる会計基準（日本基準とIFRS）の財務諸表の関係を示すと，以下のようになります。

日本基準の数値（日本基準の財務諸表）　＋　IFRS組替仕訳　＝　IFRSの数値（IFRSの財務諸表）

22

IFRSと日本基準の差異を金額として示すIFRS組替仕訳を日本基準の数値に追加することにより，IFRSの数値が計算されます。逆にいえば，日本基準の数値（仕訳）とIFRSの数値（仕訳）の差異がIFRS組替仕訳となるともいえます。

## 2 組替仕訳の特殊性（税効果と繰越仕訳）

### (1) 税効果

　日本基準では，税効果の仕訳は期末にのみ一時差異（「税務上の資産・負債の金額」と「会計上の資産・負債の金額」の差額）に実効税率を掛けて算出する繰延税金資産と繰延税金負債の金額に基づき作成されます。IFRSでは，「日本基準の数値」に「IFRS組替仕訳」を追加してIFRSの数値を確定しますが，通常，各IFRS組替仕訳で税効果を反映させることになるため，税効果の計算をする頻度が増えます。各IFRS組替仕訳により作成される組替仕訳では，「税務上の資産・負債」は変わりませんが，「会計上（IFRS連結財務諸表）の資産・負債」は変動するので，通常は，税効果の認識が必要となります。

　理論的には，帳簿での税効果と同様に，期末にまとめてIFRS組替仕訳に関する税効果の金額を計算し，別のIFRS組替仕訳を作成することは可能ですが，税効果が正しく反映されたかどうかの検証の観点からはお勧めできず，各IFRS組替仕訳で税効果を把握するのが適切です。

### (2) 繰越仕訳の必要性

　「帳簿に含まれる仕訳」に関しては，期末日にすべての損益科目の残高はゼロとされ，その純額が利益剰余金に振り替えられる，いわゆる「締め」の手続が行われます。IFRS組替仕訳は，通常は，手書きの仕訳であるため，自動的に「締め」は行われません。したがって，当期の損益の影響を次期にIFRS組替仕訳として引き継ぐことが必要となり，繰越仕訳が必要となるわけです。

## ⑶　「その他の包括利益」の仕訳の特殊性

　ついでに，「その他の包括利益」の仕訳の特殊性についても触れておきます。

　6 ページでは，IFRS の特徴として「その他の包括利益」について説明しました。「その他の包括利益」は，従来の会計では，損益に計上せず，資本の部に直接計上することを要求された項目です。そのため，従来の仕訳は以下のとおりでした（例として，売却可能有価証券（日本基準のその他有価証券）の未実現損益（利益）の場合）。

| （借　方） | | （貸　方） | |
|---|---|---|---|
| 売却可能有価証券 | ××× | 資　本　の　部<br>（未実現有価証券損益） | ××× |

　実務では，多くの場合，今でもこの仕訳を継続しています（ただし，「未実現有価証券損益」は「その他の包括利益累計額」に変更）。

　では，本来の仕訳はどうあるべきでしょうか。

　「その他の包括利益」は包括利益計算書の科目であり，「その他の包括利益累計額」は財政状態計算書の科目です。したがって，売却可能有価証券（日本基準の「その他の有価証券」）の公正価値評価の本来の IFRS の仕訳は以下のとおりです。

### 【本来の IFRS の仕訳】

| （借　方） | | （貸　方） | |
|---|---|---|---|
| 売却可能有価証券 | 20 | その他の包括利益<br>（未実現有価証券損益） | 20 |

### 【本来の IFRS の末日の仕訳】

| （借　方） | | （貸　方） | |
|---|---|---|---|
| その他の包括利益<br>（未実現有価証券損益） | 20 | その他の包括利益累計額<br>（未実現有価証券損益） | 20 |

　しかしながら，実務では，通常，帳簿システムが当期純利益を構成する項目を利益剰余金に振り替える仕組み（「締め」の手続）と同様な，「その他の包括利益」を「その他の包括利益累計額」に振り替えるシステムをもたないこと等から，実務では以前と同様に「その他の包括利益」を使用しない，以下の仕訳となることに注意が必要です。

| （借　方） | | （貸　方） | |
|---|---|---|---|
| 売却可能有価証券 | 20 | その他の包括利益累計額<br>（未実現有価証券損益） | 20 |

# 3 ▎IFRS 組替仕訳の例示

## (1)　IFRS 組替仕訳の作成例

　ここで，IFRS組替仕訳の作成例を示します。

【前提】

- 日本基準の2021年3月31日終了年度の損益計算書の抜粋は以下のとおりです。

| 税引前利益 | 10,000 | 百万円 |
|---|---|---|
| 法人税等 | 4,500 | |
| 当期純利益 | 5,500 | |

- 2020年3月31日の利益剰余金は61,000百万円でした。
- IFRS組替仕訳は以下の有給休暇の仕訳のみです。
- 2020年3月31日の未払有給休暇は1,000百万円，2021年3月31日の未払有給休暇は1,200百万円と計算されました。
- 実効税率は30％です。
- 有給休暇の費用はすべて売上原価に計上します。
- 本来は，2020年3月31日の仕訳についても期首の利益剰余金（期首の未払有給休暇）の金額が存在するはずですが，ここではゼロと想定しています。

**税効果を考慮しない場合**

[2020年 3 月31日の仕訳]　　　　　　　　　　　　　　　　（単位：百万円）

| （借　方） | | （貸　方） | |
|---|---|---|---|
| 売　上　原　価 | 1,000 | 未 払 有 給 休 暇 | 1,000 |

[2020年 4 月 1 日の繰越仕訳]

　まず，2020年 3 月31日の仕訳の包括利益計算書（損益計算書）項目を「利益剰余金－期首」，財政状態計算書（貸借対照表）項目（未払有給休暇）に「－期首」を追加すると，2020年 4 月 1 日の繰越仕訳ができます。

（単位：百万円）

| （借　方） | | （貸　方） | |
|---|---|---|---|
| ~~売　上　原　価~~ | ~~1,000~~ | ~~未 払 有 給 休 暇~~ | ~~1,000~~ |
| 利益剰余金－期首 | 1,000 | 未払有給休暇－期首 | 1,000 |

　2021年 3 月31日の未払有給休暇の金額は1,200であるので，1,200－1,000が当期の増加となり，「当期の変動の仕訳」は以下になります（増加を勘定の後に付けます）。

[当期の変動の仕訳]　　　　　　　　　　　　　　　　　　（単位：百万円）

| （借　方） | | （貸　方） | |
|---|---|---|---|
| 売　上　原　価 | 200 | 未払有給休暇－増加 | 200 |

　「2020年 4 月 1 日の繰越仕訳」と「当期の変動の仕訳」を合計したものが2021年 3 月31日の仕訳となります。この場合に，未払有給休暇の期首と増加を合計してください。

[2021年 3 月31日の仕訳]　　　　　　　　　　　　　　　　（単位：百万円）

| （借　方） | | （貸　方） | |
|---|---|---|---|
| 利益剰余金－期首 | 1,000 | 未 払 有 給 休 暇 | 1,200 |
| 売　上　原　価 | 200 | | |

**税効果を考慮する場合**

[2020年3月31日の仕訳]                                    （単位：百万円）

| （借　方） | | （貸　方） | |
|---|---|---|---|
| 売　上　原　価 | 1,000 | 未 払 有 給 休 暇 | 1,000 |
| 繰 延 税 金 資 産 | 300 | 繰 延 税 金 費 用 | 300 |
| （1,000×30％） | | | |

[2020年4月1日の繰越仕訳]

　まず，2020年3月31日の仕訳をもう一度してみます。

（単位：百万円）

| （借　方） | | （貸　方） | |
|---|---|---|---|
| 売　上　原　価 | 1,000 | 未 払 有 給 休 暇 | 1,000 |
| 繰 延 税 金 資 産 | 300 | 繰 延 税 金 費 用 | 300 |

　次に，損益計算書項目については，次年度には利益剰余金となるので，利益剰余金－期首に勘定を変更し，財政状態計算書項目についても「－期首」を付けます。

（単位：百万円）

| （借　方） | | （貸　方） | |
|---|---|---|---|
| 利益剰余金 – 期首 | 1,000 | 未払有給休暇 – 期首 | 1,000 |
| 繰延税金資産 – 期首 | 300 | 利益剰余金 – 期首 | 300 |

　利益剰余金－期首を純額にすると，「2020年4月1日の繰越仕訳」が完成します。

（単位：百万円）

| （借　方） | | （貸　方） | |
|---|---|---|---|
| 利益剰余金 – 期首 | 700 | 未払有給休暇 – 期首 | 1,000 |
| 繰延税金資産 – 期首 | 300 | | |

2021年3月31日の未払有給休暇の金額は1,200であるので，1,200－1,000が当期の増加となり，税効果を追加すると，「当期の変動の仕訳」は以下になります。

［当期の変動の仕訳］　　　　　　　　　　　　　　　　　　（単位：百万円）

| （借　方） | | （貸　方） | |
|---|---|---|---|
| 売　上　原　価 | 200 | 未払有給休暇－増加 | 200 |
| 繰延税金資産－増加 | 60 | 繰延税金費用 | 60 |

「2020年4月1日の繰越仕訳」と「当期の変動の仕訳」を合計し，期首と増加を合算したものが2021年3月31日の仕訳となります。

［2021年3月31日の仕訳］　　　　　　　　　　　　　　　（単位：百万円）

| （借　方） | | （貸　方） | |
|---|---|---|---|
| 利益剰余金－期首 | 700 | 未　払　有　給　休　暇 | 1,200 |
| 繰　延　税　金　資　産 | 360 | 繰延税金－費用 | 60 |
| 売　上　原　価 | 200 | | |

## (2)　IFRS 組替仕訳の変動表

税効果を含む組替仕訳作成のためには，以下の IFRS 組替仕訳の変動表の作成が効果的です。（以下，変動表では，2020年4月1日は4/1/20，2021年3月31日は3/31/21として示します。）

（単位：百万円）

| | 4/1/20 | 変動 | | 3/31/21 | |
|---|---|---|---|---|---|
| 未払有給休暇 | (1,000) | (200) | (b) | (1,200) | (d) |
| 税効果（30%） | 300 | 60 | (c) | 360 | (e) |
| 純額 | (700) (a) | (140) | (f) | (840) | (a) |

(a)　次年度の利益剰余金－期首

(b)　当年度の費用計上

(c) 当年度の繰延税金費用

(d) 当年度末の関連項目の財政状態計算書（貸借対照表）残高

(e) 当年度末の繰延税金資産の財政状態計算書（貸借対照表）残高

(f) 当期利益への影響額

上記の変動表はすべての IFRS 組替仕訳のために有用です。

## (3)　利益剰余金の調整表

また，IFRS 組替仕訳が適切に反映されたかどうかの検討，IFRS 組替仕訳の影響額の把握のために，以下の調整表の作成が有効です。この事例では組替仕訳が1つですが，組替仕訳が多いほど効果があります。

（単位：百万円）

| 日本基準 | 利益剰余金 | | | | | (1)/(2) |
|---|---|---|---|---|---|---|
| | 4/1/20 期首 | 税引前利益 (1) | 法人税等 (2) | 当期純利益（当期利益）((1)−(2)) | 3/31/21 期末 | |
| 帳簿 | 61,000 | 10,000 | 4,500 | 5,500 | 66,500 | |
| 修正 | (700) | (200) | 60 | (140) | (840) | 30% |
| IFRS | 60,300 | 9,800 | 4,440 | 5,360 | 65,660 | |

(1)/(2)を示すのは，実効税率を確かめるためであり，仕訳の税率が正しく反映されているかどうかが確かめられます。

## (4)　IFRS 第1号で要求される開示

IFRS 第1号では，「IFRS 移行日（上記の例では2020年4月1日）」と「従前の GAAP で表示された直近の会計年度末日（上記の例では2021年3月31日）」の「従前の GAAP」から IFRS への「資本の部」の調整表の開示が要求されます。(3)の調整表の内容が利益剰余金の「従前の GAAP」から IFRS への調整の内容として示されることになります。

## ⑸　セグメント情報

　IFRS でも，日本基準と同様にセグメント情報が開示されます。そのため，IFRS 組替仕訳に関してもその仕訳が関連するセグメントを認識して，日本基準のセグメント情報を修正する必要があります。本書では，IFRS 組替仕訳の作成にあたり，この点については，セグメントは各会社の固有性が強く，他の会社の参考とならないため，各 IFRS 組替仕訳でセグメントを示す情報を示していません。

# IFRS財務諸表の作成の準備

第3章以降では，架空の会社である「組替株式会社」が，これまでの日本基準からIFRSに準拠した財務諸表を初めて作成する際に必要となる作業について説明していきます。

---

**【会社名：組替株式会社】**
- 設立は1965年
- 主たる事業：電子部品・製品の製造・販売（ただし，製薬などの他のセグメントの売上が30％程度ある）
- 東京証券取引所第1部上場
- 子会社15社（国内13社，海外2社），関連会社6社（国内6社）
- 2022年3月31日終了年度がIFRS適用年度（13ページ参照）
- 2021年3月31日までは日本基準で連結財務諸表を作成し，有価証券報告書に含めている。

---

## 1 │ IFRS の任意適用の決定

2019年12月，組替株式会社の代表取締役社長からCFOと経理部長に，「当社の主たる事業の同業のトップ企業がすでにIFRSを任意適用しており，同業の他の2社がIFRSを任意適用する予定を公表した。当社もそろそろ本格的にIFRSの任意適用を検討する時期に来ていると思われる。ついては，検討の結果を報告するように。」との指示がありました。

経理部長は，数人の経理部員にIFRSの任意適用の検討をさせたところ，

2022年3月期（当社は3月決算）のIFRS適用は可能であるとの報告を受けました。その結果を受けて，2020年2月の取締役会で提出されたIFRS任意適用の主たるスケジュールを基礎に議論した結果，2022年3月期のIFRS任意適用を承認し，IFRSを2022年3月期から任意適用する旨のプレス・リリースを公表しました。IFRS任意適用のために，プロジェクト・チームを設置し，そのトップは経理部長とし，CFOがアドバイザーとなりました。

### 実務のポイント

　IFRSの任意適用の決定については，現場からの要求ではなく，トップの意思によりトップダウンで行われる場合が多いようです。
　「IFRSの任意適用」という新しいプロジェクトを立ち上げることになりますが，IFRS組替仕訳の作成のために営業等の他の部門からの情報の入手が必要となることが予想され，また，経理を中心に財務，法務との連携が必須となります。他の部門の協力が不可欠であることから，プロジェクト・チームのリーダーは，社内に対して発言力のある，ある程度の権限を持った人がふさわしいといえます。

## 2 ┃ IFRS プロジェクト・チーム

　IFRSプロジェクト・チームは，常勤の2名の経理部員と勤務時間の半分程度を使用する3名の経理部員から構成されました。常勤の経理部員のうち1名は監査法人で若干のIFRSの監査の経験のある会計士です。また，問題が発生した場合には，都度，経理部長に報告してアドバイスを受けます。また，四半期ごとに進捗状況をCFOと取締役会に報告します。会計監査人とはコンサルティング契約を結び，IFRS適用の補助をしてもらうことにしました。

### 実務のポイント

　これ以降の手続にも関連するのが「コスト」の問題です。当然ですが，外注すればコストがかさみます。この場合の外注先の提供するサービスの内容は，監査法人などによるIFRSの会計に関する支援となるでしょう。コストだけ考えれば内部のみで実施するほうがよいのですが，IFRSを熟知した人材の数は限定的なことから，効

率性を考えると外部の人間，特に会計監査人をある局面で参加させることが望ましいといえます。ある会計処理を後になって会計監査人に否定される可能性は排除したいものです。

## 3 ┃組替株式会社が作成しなければならない IFRS 財務諸表

　3 ページで示したように，IFRS の提供にあたっては，すべての「IFRS に従った完全な一組の財務諸表」を作成する必要があります。IFRS プロジェクト・チームは IFRS で要求される最低限の財務諸表を作成する，つまり，財政状態計算書を除く財務諸表については 2 期間を，財政状態計算書については 3 期間を IFRS 初度適用年度の財務諸表とすることを決定しました。

　この決定に基づいた以下の財務諸表が IFRS 初度適用年度の財務諸表となります。

|  | 財務諸表 | 期末日または年度等 |
|---|---|---|
| (a) | 財政状態計算書 | 2020年 4 月 1 日，2021年 3 月31日，2022年 3 月31日 |
| (b) | 包括利益計算書 | 2021年 3 月31日終了年度，2022年 3 月31日終了年度 |
| (c) | 持分変動計算書 | 2021年 3 月31日終了年度，2022年 3 月31日終了年度 |
| (d) | キャッシュ・フロー計算書 | 2021年 3 月31日終了年度，2022年 3 月31日終了年度 |
| (e) | 注記，重要な会計方針とその他の説明の情報 | 上記の財務諸表をカバーする注記等 |

## 4 ┃スケジュールの作成

　スケジュール（主に2021年 3 月31日終了年度の IFRS 財務諸表作成スケジュール）は以下の図表 3 − 1 としました。このスケジュール自体がある程度の余裕を持って作成されていたため，若干の修正は余儀なくされましたが，作業はほぼ当初の予定どおりに進みました。

| 図表3-1 | 組替株式会社のIFRS適用スケジュール |
| --- | --- |

| | 2019年 | 2020年 | | | | 2021年 | |
| --- | --- | --- | --- | --- | --- | --- | --- |
| | 12月 | 3月 | 6月 | 9月 | 12月 | 3月 | 6月 |
| 社長のIFRS任意適用の指示 | ☆ | | | | | | |
| プレス・リリース | ☆ | | | | | | |
| プロジェクト・チーム | ☆ | | | | | | |
| 会計監査人とのコンサルティング契約締結 | ☆ | | | | | | |
| 「IFRSと日本基準の差異の一覧表」の完成 | ⇒ | → | | | | | |
| グループ会計方針の作成 | | ⇒ | → | | | | |
| 作成する組替仕訳の決定 | | ⇒ | → | | | | |
| 会計監査人とのIFRS財務諸表監査の契約締結 | | | ☆ | | | | |
| 会計監査人のグループ会計方針のレビュー | | | ⇒ | → | | | |
| 取締役会への進捗等の報告 | | | ☆ | ☆ | ☆ | ☆ | |
| IFRS用連結パッケージ作成 | | ⇒ | → | | | | |
| グループ会社（子会社・関連会社）へのIFRSの説明 | | | | ⇨ | | | |
| 2021年3月期の親会社のIFRS組替仕訳のための情報の入手 | | | | | ⇨ | | |
| 2021年3月期のIFRS財務諸表（2020年4月1日の財政状態計算書を含む）の作成 | | | | | | ⇨ | |
| 2021年3月期のIFRS財務諸表（2020年4月1日の財政状態計算書を含む）の監査 | | | | | | ⇨ | |
| 2022年3月期のIFRS財務諸表のための決算スケジュール（従来の日本基準とほぼ同じ）の実施 | | | | | | | ⇨ |

（注）　☆は終了時点，⇨は開始から終了までを示します。
　　　　2020年，2021年の各欄はその月で終了の四半期を示します。

---

**実務のポイント** ........................................................

　一般的に，IFRS を任意適用した財務諸表の公開（開示）については，以下の2つの方法があります（IFRS 移行日は2020年4月1日，IFRS 適用日は2022年3月31日）。

　①　2022年3月31日終了年度から IFRS の連結財務諸表を公開する（四半期については，2022年6月30日に終了する四半期から2021年6月30日に終了する四半期とともに公開）。

　②　2022年3月31日終了年度の第一四半期から（2021年6月30日に終了する四半期（2020年6月30日に終了する四半期とともに）IFRS 財務諸表を公開する（必然的に，2021年3月31日終了年度の IFRS 連結財務諸表，2020年6月30日と2021年6月30日に終了する四半期の連結財務諸表は作成済みで，IFRS と日本基準の調整表（212ページ参照）も開示）

　組替株式会社は，2021年3月31日終了年度の IFRS 財務諸表の作成が完了する時期などから①を選択しました。スケジュールも①を基礎に作成しました。

　スケジュールは余裕を持って作成することが重要です。予期せぬ事態の発生によりスケジュールの遅延が生じるのはよくあることです。できるだけ早期に，比較年度（組替株式会社の場合は，2021年3月期）の IFRS 財務諸表をまず完成させ，会計監査人の監査を受けることが有効です。比較年度と適用年度（組替株式会社の場合は，2022年3月期）の双方の財務諸表の監査を同時に受けることは可能ですが，監査の過程で重要な問題が生じると，時間的な制約から適切に対処できない可能性があるからです。

........................................................

# 5 ｜報告日の統一とグループ会計方針の作成

　IFRS では，主に連結財務諸表について規定されており，連結グループを1つの会社のように取り扱うことを想定しています。そうなると，図表3-2に示した項目が前提となります。これは，連結グループを1つの会社と考えると，至極当然のことばかりです。

| 図表3－2 | IFRSの求める「連結グループ」としての財務情報の前提 | |

| 前　提 | 前提のための原則 | 原則の状況ではない場合の取扱い |
|---|---|---|
| 会計期間は1年 | 親会社の財務情報と子会社の財務情報の報告期間は整合（報告日は一致） | 報告期間が整合していない（子会社の報告期間が親会社の報告期間と一致していない）場合には，一致させる。 |
| 同じ会計方針 | 親会社と子会社の会計方針は同一（グループ会計方針の作成） | 親会社と子会社の会計方針が一致していない場合には一致させる。 |
| 報告期間内は同一の会計処理 | 財務諸表に表示される今年度と前年度の会計処理は同一 | 会計処理の変更・新基準書の採用・誤りの修正は前年度（比較財務諸表）を遡及的に修正する。 |

　多くの会社で行われるのは，IFRSの任意適用に先立って，子会社の報告日を親会社の報告日に一致させることです。子会社の決算の締めに時間を要する等の理由で，子会社の報告日を12月（親会社の決算日は3月）にしている会社がよく見受けられます。幸運にも，組替株式会社のすべての子会社の報告日は，親会社の報告日と一致していました。次項ではグループ会計方針の作成について説明します。

## 6 ｜ IFRS財務諸表作成のためのグループ会計方針の作成

　グループ会計方針については，費用の軽減の観点から，プロジェクト・チームがドラフトを作成し，会計監査人のレビューを受けることとしました。まずは，グループ会計方針に含めるべき事項を確認した上で，IFRS基準書のうち当社にとって重要な部分のみをグループ会計方針に含め，当社の採用した会計処理の基礎（減価償却方法，IFRSのセグメント，棚卸資産の計算方法，現金生成単位）や内部統制関連（承認や報告）などを含めました。

　ドラフトの提出と会計監査人のコメントの受領を3回ほど繰り返し，最終版を作成しました。作成後はグループ会計方針を子会社と関連会社に送りました。

**実務のポイント**

グループ会計方針については，日本の多くの企業が作成した経験がありません。これは，第2章1(2)（20ページ参照）で説明したように，過去は現地主義，現在は実務対応報告第18号により海外子会社は米国基準か IFRS を適用しているという状況ですので，統一したグループ会計方針を作成する必要がなかったのです。このグループ会計方針は，IFRS を基礎とする当社の会計処理をはじめ，関連する重要性の金額，内部統制，仕訳例，連結パッケージ作成例などを含めることにより，子会社の経理担当がそれを見れば親会社への報告に使用する連結パッケージが作成できるというものでなければなりません。したがって，単なる IFRS 基準書のコピーであってはなりません。

# 7 ┃ IFRS と日本基準の差異の把握

IFRS と日本基準の差異の把握については，グループ会計方針の作成と並行して行いました。IFRS と日本基準の間には多くの差異がありますが，まず，差異の一覧表を会計監査人から受領しました。それらの膨大な差異のうち，組替株式会社の観点から，関連する取引がある場合にその重要性の有無を把握し，その差異について IFRS 組替仕訳を作成することにしました。

差異の一覧表のサンプルは以下のとおりです。一覧表は膨大なため，固定資産関係のみを示しています。「関連する取引の有無」の欄が「あり」で，「ありの場合の重要性」の欄が「あり」の場合に，IFRS 組替仕訳を作成することになります。

なお，本書では，必要に応じて，IFRS への参照をしています。例えば，IFRS3.13は IFRS 第3号のパラグラフ13です。ただし，IFRS 第9号は章立てになっており，IFRS9.5.5.1は IFRS 第9号第5章のパラグラフ5.1です。

「IFRSと日本基準の差異の一覧表」(固定資産関係のみ)

会社名　組替株式会社

| 固定資産関係 | IFRS | 日本基準 | 関連する取引の有無 | 「あり」の場合の重要性 |
|---|---|---|---|---|
| 交換部品等の認識 | 要件を満たす場合は,棚卸資産ではなく有形固定資産として表示される(IAS16.8)。 | 左記のような明確な規定はない。 | なし | |
| 借入コスト | 有形固定資産が適格資産に該当する場合,借入費用を取得原価に算入する(IAS23.7)。 | 原則として財務費用として費用計上する。ただし,自家建設の場合,建設に要する借入資本の利子で稼働前の期間に属するものは,取得原価に算入することができる(連続意見書第三)。 | あり | あり(117ページ参照) |
| 交換 | 原則として取得した有形固定資産の公正価値をもって測定する。公正価値をもって測定されない場合,譲渡した有形固定資産の帳簿価額をもって測定する(IAS16.24)。 | 同一種類,同一用途の固定資産を取得した場合,譲渡した固定資産の帳簿価額をもって取得原価とする。同一種類,同一用途以外の固定資産を取得した場合,譲渡した固定資産または取得した固定資産の公正な市場価値をもって取得原価とする(監委43号)。 | なし | |
| 政府補助金 | 資産に関する政府補助金は,繰延収益とする方法または補助金を控除して資産の帳簿価額とする方法により,財政状態計算書に表示する(IAS20.24)。 | 国庫補助金,工事負担金等で取得した資産は,国庫補助金等に相当する金額を取得原価から控除することができる(企業会計原則注解24)。 | なし | |
| 大規模な検査等のコスト | 大規模な検査または修繕に係るコストは,要件を満たす場合は,取替資産として有形固定資産の帳簿価額に含めて認識する(lAS16.14)(コンポーネント・アカウンティング)。 | 左記のような規定はない。 | あり | あり(76ページ参照) |

| 固定資産関係 | IFRS | 日本基準 | 関連する取引の有無 | 「あり」の場合の重要性 |
|---|---|---|---|---|
| その後の測定 | 原価モデルまたは再評価モデル（資産の種類ごとにいずれかを選択）（IAS 16.29）。 | 取得原価に基づき測定する方法（原価モデルに相当する方法）のみ（企業会計原則第二　貸借対照表原則五）。 | なし（取得原価モデル） | |
| コンポーネント・アカウンティング | 取得原価を重要な構成部分に配分し，各構成部分の減価償却を個別に実施（例：航空機の機体部分とエンジン部分）（IAS 16.43）。認識規準を満たす場合，継続して操業するために必要となる定期的な大規模検査についてはコンポーネントとして減価償却を個別に実施する | 左記のような規定はない。 | あり | あり |
| 減価償却方法 | 経済的便益の消費パターンを反映する方法。会計方針として選択（IAS 16.60）。 | 会計方針として選択（企業会計原則注解1－2）。 | あり | あり（72ページ参照） |
| 減価償却方法の変更 | 毎期見直す（IAS16.61）。変更した増合，会計上の見積りの変更として会計処理（遡及適用しない）。 | 会計方針であるため，正当な理由がない限り，その変更は認められない。変更が認められる場合，その変更は「会計方針の変更を会計上の見積りの変更と区分することが困難な場合」に該当するものとして，会計上の見積りの変更と同様に会計処理（遡及適用しない）（基準24号5，19-20項）。 | なし | |
| 耐用年数および残存価額 | 会計上の見積りによって決定する（IAS16.6）。 | 会計上の見積りによって決定する。ただし，不合理と認められる事情のない限り，法人税法の規定に基づいて決定することが，実務上，認められている（監委81号24項）。 | あり | あり（72ページ参照） |

| 固定資産関係 | IFRS | 日本基準 | 関連する取引の有無 | 「あり」の場合の重要性 |
|---|---|---|---|---|
| 減価償却方法，耐用年数，残存価額の見直し | 少なくとも各事業年度末に見直しを行う（IAS16.51&61）。 | 左記のような規定はない。 | なし（見直しは実施） | |
| 資産除去債務 | 棚卸資産を生産する目的で特定の期間に有形固定資産を使用したことにより発生した資産除去債務に対応するコストは，IAS第2号「棚卸資産」に従い，棚卸資産の原価を構成するコストとして会計処理する（IAS16.16(c)&18）。 | 有形固定資産の稼働等により使用の都度発生する資産除去債務に対応するコストは，有形固定資産として認識し，減価償却を通じて期間配分する（基準18号8項）。ただし，いったん資産計上し，計上時期と同一の期間に同一の金額を費用処理することもできる。 | なし（棚卸資産に計上する資産除去債務はない） | |
| 資産除去債務の割引率 | 税引前リスク・フリー利子率（必要に応じて負債に固有のリスクを調整）を毎期見直して使用する（IAS37.47&59）。 | 負債計上時の税引前リスク・フリー利子率を継続して使用する。ただし，割引前の将来キャッシュ・フローに重要な見積りの変更が生じ，増加する場合には，その時点の割引率を使用する（基準18号6項，49項）。 | あり | なし |

（注）「監委」は，監査委員会報告を指す。

### 実務のポイント

　IFRSと日本基準の差異の一覧表は会計監査人が汎用の表を用意していることが多く，会計監査人のウェブサイトから入手できることもあります。入手した一覧表の各差異に関して，該当の有無，会社にとっての重要性の有無（定性的／定量的の双方の観点から検討）を加えれば，その会社に関する差異の一覧表は完成です。

　重要性の判断にあたっては，過去，現在，未来の重要性を検討することが必要です。過去や現在においては重要性がなくても，将来，重要となる可能性があるからです。検討された項目について，将来においても必ず重要性をチェックするシステムの構築が大切です。

## 8 ┃ IFRS 初度適用の免除項目の選択

　IFRS は，IFRS 初度適用企業のために，IFRS 第 1 号という基準書を用意しています。

　IFRS 第 1 号では，IFRS 初度適用企業（初めて IFRS 準拠の財務諸表を作成する企業。端的には，これまで IFRS 財務諸表を株主または外部の利用者に公表していなかった企業）に対して，まったく新しい会計基準（IFRS）を適用させるということから，便宜を図っています。この便宜は，IFRS は過年度への遡及適用（IFRS を会社の設立から適用）を原則としていることから生じる時間や費用などの観点からのものです。この便宜は，任意の免除（exemption）と呼ばれ，多くの項目が挙げられていますが，これらのうち 1 つ以上を適用することができます。主な免除項目（多くの日本の IFRS 任意適用企業が採用している項目を中心に取り上げた）は以下のとおりです。組替株式会社の選択した免除項目は○，選択しなかった免除項目は×で示しています。

| 項　目 | 内　容 | 選　択 |
|---|---|---|
| 企業結合 | IFRS 移行日前またはそれより以前の日に行われた企業結合について IFRS 第 3 号「企業結合」を適用しない。 | ○（126ページ参照） |
| みなし原価（取得原価の代用） | IFRS 移行日現在で，有形固定資産，投資不動産（原価モデルの場合），または無形固定資産について公正価値にて測定し，それをもってみなし原価として使用してもよい。 | × |
| 為替換算差額 | 在外子会社等の財務諸表の換算から生じる外貨換算差額を，IFRS 移行日現在でゼロとみなすことができる。 | ○（144ページ参照） |
| 株式報酬取引 | IFRS 移行日より前に権利確定したストック・オプションには IFRS 第 2 号の適用が要求されない。 | ○（115ページ参照） |
| 借入費用 | IFRS 移行日とそれより前の日のいずれかから IAS 第23号「借入コスト」を適用する。 | ○（119ページ参照） |
| リース | IFRS 移行日のリースについては，「リースの計算利率」ではなく「追加借入利子率」を使用できる。 | ○（91ページ参照） |

42

**実務のポイント** ┈┈┈┈┈┈┈┈┈┈┈┈┈┈┈┈┈┈┈┈┈┈┈┈┈┈┈┈┈┈┈┈

　組替株式会社は 5 つの免除項目を選択しましたが，IFRS の任意適用にあたり IFRS 第 1 号が用意している他の免除項目についても検討して，選択するかどうかを決定すべきです。

┈┈┈┈┈┈┈┈┈┈┈┈┈┈┈┈┈┈┈┈┈┈┈┈┈┈┈┈┈┈┈┈┈┈┈┈┈┈┈┈┈┈┈┈┈┈

## 9 ┃ IFRS 組替仕訳に関する情報の収集と連結パッケージ

### (1)　IFRS 組替仕訳に関する情報──親会社

　差異項目を確認し，作成する IFRS 組替仕訳を決定した後，2020年 3 月31日終了年度に関する組替株式会社（親会社）の各 IFRS 組替仕訳を作成するための情報を収集しました。これらの情報は経理部内で入手可能な情報もありましたが，当社の他の部門から入手する情報（例えば，有給休暇の付与日，消化率の情報），新たに作成しなければならない情報もありました。

### (2)　IFRS 組替仕訳に関する情報──子会社・関係会社

　親会社の IFRS 組替仕訳を作成するための情報を基礎に，親会社の IFRS 組替仕訳のうち，子会社・関係会社にも該当するもの，子会社・関連会社のみに該当するものを把握し，子会社・関係会社から入手しなければならない IFRS 組替仕訳のための情報を確定し，それらを連結パッケージ（親会社の連結のために子会社が親会社に報告する資料）に組み込みました。2020年 3 月31日終了年度に関して，連結パッケージを入手し，子会社の IFRS 組替仕訳を作成しました。第 5 章の「 **12** 　年金負債」で子会社に関する組替仕訳を紹介しています。

### (3)　注記のための情報

　会計監査人から「IFRS の注記での開示の一覧表」を入手し，注記のために必要な情報を把握しました。組替株式会社では，それらの情報が経理で得られる場合には，情報の様式を決定し，経理で得られない場合には，どの部門から

どのような様式で入手するかを決定しました。

　それらの様式を基礎に，子会社・関連会社用の IFRS 連結パッケージの様式を作成しました。また，この連結パッケージの様式についても会計監査人のレビューを受けました。まず，子会社・関連会社から2020年3月31日終了年度の連結パッケージ（注記関連）を入手し，親会社の資料と合算し，2020年3月31日終了年度の注記を作成しました。ただし，紙面の都合上，注記については本書では示していません。

### 実務のポイント

　IFRS の連結財務諸表の作成にあたっては，親会社だけでなく，子会社・関連会社の協力が必要です。親会社と子会社・関連会社の財務情報伝達のツールは一般的に「連結パッケージ」と呼ばれます。あらかじめ様式を定めた「連結パッケージ」は，子会社・関連会社の帳簿を基礎とした財政状態計算書と包括利益計算書，IFRS 財務諸表の注記のために必要な情報，組替仕訳作成のために必要な情報を入手するためのものです。IFRS 財務諸表の注記は，日本基準と比べかなり量があるので，入手すべき情報に漏れがないか，しっかりチェックすべきです。

## 10 ▎子会社・関連会社の教育

　プロジェクト・チームの構成員が，子会社・関連会社を巡回して，グループ会計方針と連結パッケージの説明を実施しました。また，その後も子会社・関連会社の経理担当者からの質問を受け，必ず回答するようにしました。

### 実務のポイント

　IFRS の連結財務諸表の作成にあたっては，子会社・関連会社の経理担当者のIFRS の理解が重要です。連結パッケージの作成に関しては，連結パッケージの中の情報がどのように使用されるかを理解することが重要です。IFRS の勉強をすることはそれなりに大変なので，親会社の経理担当者が子会社・関連会社の経理担当をきちんと教育することが重要です。

## 11 ▌IFRS 組替仕訳の作成

実際の IFRS 組替仕訳の作成作業については，第 5 章を参照してください。

# 第4章

# 連結の範囲

　実際の IFRS 組替仕訳の作成の説明の前に，連結の範囲について説明します。
なぜ，連結の範囲について先に説明するかというと，連結の範囲に含まれるべ
き会社が連結の範囲に含まれないと，その会社との取引が適切に連結財務諸表
に反映されないからです。

　個別財務諸表に代わって連結財務諸表が重要視されるのは，個別財務諸表の
限界が明確だからです。例えば，P 社に S 社という子会社があったとします。
P 社の個別財務諸表では（P 社自身の外部への売上が少ないにもかかわらず）
S 社に対する売上を多く計上することが可能となり，粉飾できてしまいます。

　また，関連会社には持分法が適用されますが，この会計処理は子会社や関連
会社以外の会社への投資の会計処理とは異なるものです。

　したがって，IFRS 適用にあたっては，IFRS での連結の範囲を，再度，き
ちんとチェックする必要があります。連結の範囲に関する IFRS（IFRS 第10号）
と日本基準の主な差異は以下のとおりですが，組替株式会社に関しては，
IFRS と日本基準の間で連結の範囲に関する差異はありませんでした。

| 項　目 | IFRS | 日本基準 |
|---|---|---|
| 連結の範囲 | 連結除外の規定はない。 | 以下の場合は連結除外。<br>①支配が一時的な場合<br>②連結により利害関係者の判断を著しく誤らせるおそれのある会社 |
| 支配の判定（行使可能となっている（または転換可能となっている）潜在的株式の影響） | 考慮する。 | 考慮しない。 |

第5章

# 個別科目のIFRS組替仕訳

　この章では，組替株式会社がIFRS移行に伴い行う組替仕訳の説明をします。まず，個別の科目に関するIFRS組替仕訳を説明し（**1**～**15**），その後に科目全体に影響のあるIFRS組替仕訳，連結に関するIFRS組替仕訳などについて説明します（**16**以降）。

　各IFRS組替仕訳に関連して，IFRSと日本基準の重要な差異を示していますが，それらは重要と思われる差異であり，それら以外にも差異があることに留意してください。また，それらの差異のうち，組替株式会社にとって重要性がある差異についてのみ，IFRS組替仕訳を作成していることが前提となっています。

　以下の説明では，IFRS組替仕訳に関する情報がすでに入手されていることを前提にしていますが，IFRS組替仕訳の作成にあたっての最も重要なポイントは，IFRS組替仕訳の基礎となる適切な情報の適時の収集にあります。したがって，これらの情報をどのように，どこから入手するかを検討したうえで，情報の正確性を担保することが必要となってきます。また，情報の入手・作成は時間のかかる作業となることを念頭に置く必要があります。

　第5章を通しての前提は以下のとおりです。

48

【前提：組替株式会社】
- 設立は1965年
- 主たる事業：電子部品・製品の製造・販売（ただし，製薬などの他のセグメントの売上が30％程度ある）
- 東京証券取引所第1部上場
- 子会社15社（国内13社，海外2社），関連会社6社（国内6社）
- 2022年3月31日終了年度がIFRS適用年度（13ページ参照）
- 2021年3月31日までは日本基準で連結財務諸表を作成し，有価証券報告書に含めている。

## (1) IFRS組替仕訳

33ページに示した組替株式会社が作成しなければならないIFRS財務諸表を，再度，以下に示しました。これらのIFRS財務諸表を作成するためにIFRS組替仕訳が作成されます。

|     | 財務諸表 | 期末日または年度等 |
| --- | --- | --- |
| (a) | 財政状態計算書 | 2020年4月1日，2021年3月31日，2022年3月31日 |
| (b) | 包括利益計算書 | 2021年3月31日終了年度，2022年3月31日終了年度 |
| (c) | 持分変動計算書 | 2021年3月31日終了年度，2022年3月31日終了年度 |
| (d) | キャッシュ・フロー計算書 | 2021年3月31日終了年度，2022年3月31日終了年度 |
| (e) | 注記，重要な会計方針とその他の説明の情報 | 上記の財務諸表をカバーする注記等 |

以下では，「2021年3月31日終了年度の繰越仕訳（2020年4月1日のIFRS組替仕訳）」と「2021年3月31日終了年度のIFRS組替仕訳」を示しています。

「2021年3月31日終了年度の繰越仕訳」は，初度適用企業に表示が要求されているIFRS移行日（2020年4月1日）のIFRS財政状態計算書の作成のために使用されます。

「2021年3月31日終了年度のIFRS組替仕訳」は2021年3月31日の財政状態計算書，2021年3月31日終了年度の包括利益計算書，持分変動計算書，キャッ

シュ・フロー計算書の作成のために使用されます。

　また，2022年 3 月31日終了年度（IFRS 適用年度）に関して IFRS 組替仕訳が作成され，連結財務諸表が作成されることになりますが，紙面の都合上，以下では紹介していません。

　また，IFRS 初度適用企業は，以下の従来の GAAP（日本基準）と IFRS の調整表の開示を要求されます（組替株式会社の場合）。

> (a) IFRS 移行日（2020年 4 月 1 日）の資本の部
> (b) 最後の従来の GAAP の財務諸表の期末日（2021年 3 月31日）
> (c) 最後の従来の GAAP の包括利益計算書（2021年 3 月31日に終了する期間）の包括利益

　この開示のために必要となると思われる情報については，第 6 章で示しています。

## (2)　実効税率

　IFRS 組替仕訳の作成にあたり，税効果のために使用する実効税率を決定しなければなりません。以下は，東京都の場合の実効税率です。

> $$\frac{法人税率(23.2\%) \times (1 + 地方法人税率(10.3\%) + 住人税率(10.4\%)) + 事業税率(3.78\%)}{1 + 事業税率(3.78\%)}$$
> $= 30.62\%$

　各 IFRS 組替仕訳の税効果の計算には，「一時差異が実現または解消する年度に適用される実効税率」が使用されます。なお，本書では簡便的な IFRS 組替仕訳の税効果のために一律に切りの良い30％を使用しています。

## (3)　子会社の IFRS 組替仕訳

　IFRS 組替仕訳は，親会社と子会社で作成しますが，ここでは，主に親会社の IFRS 組替仕訳を紹介しています。以下では，子会社の IFRS 組替仕訳については「有形固定資産－減価償却方法（連結ベース）」と「年金」を除いて，

重要性がないため取り上げていません。理論的には，重要性があれば有給休暇
引当金，内部取引の消去のための実効税率の違い（国内子会社と海外子会社の
取引がある場合）については IFRS 組替仕訳が必ず作成されるはずです。

### (4)　繰延税金資産

　IFRS 組替仕訳には税効果が含まれ，繰延税金資産または繰延税金負債の勘
定が仕訳に含まれます。

### (5)　OCI と AOCI

　組替仕訳等では，その他の包括利益（Other Comprehensive Income）につ
いて「OCI」，その他の包括利益累計額（Accumulated Other Comprehensive
Income）について「AOCI」の略語を使用しています。

# 1 売上債権－貸倒引当金

## ⑴　IFRS と日本基準との差異

　売上債権に関する IFRS（IFRS 第 9 号（2014年））と日本基準との主要な差異は，以下のとおりです。

| 項　目 | IFRS | 日本基準 |
|---|---|---|
| 貸倒引当金のための債権の区分 | 信用リスクが当初認識から著しく増大しているか，増大していないか。 | 一般債権，貸倒懸念債権，破産更生債権等に区分。 |
| いわゆる一般債権の貸倒引当金 | 予想信用損失。 | 過去の貸倒実績等，合理的な基準により算定する。 |

## ⑵　IFRS の補足的な説明

　売上債権について，債権の区分を基礎にした貸倒引当金の計上は，図表 5 －1 のとおりです。

### 図表 5 － 1　債権の区分を基礎にした貸倒引当金の計上

| 区　分 | 貸倒引当金の計上 |
|---|---|
| 信用リスクが当初認識から著しく増大していない場合（IFRS9.5.5.5） | 12カ月の予想信用損失（12-month expected credit loss）（金融商品について報告日から12カ月以内に生じ得る債務不履行事象（default event）から生じる予想信用損失（全期間の予想信用損失の一部））。 |
| 信用リスクが当初認識から著しく増大している場合（IFRS9.5.5.3） | 全期間の予想信用損失（lifetime expected credit loss）（金融商品の存続期間にわたって，すべての生じ得る債務不履行事象から生じる予想信用損失）。 |

| | |
|---|---|
| | 契約上の支払の期日経過が30日超となっている場合に，信用リスクが著しく増大しているという反証可能な推定があります（IFRS9.5.5.11）。 |

ただし，IFRSでは，図表5－2のような例外があります。

図表5－2 例外

| 例外の内容 | 内　　容 |
|---|---|
| 営業債権（IFRS第15号「顧客との契約から生じる収益」の範囲の営業債権）について，重要な財務要素を含まない場合 | 全期間の予想信用損失についての損失評価引当金の計上が強制される（IFRS9.5.5.15）。 |
| 営業債権について，重要な財務要素を含む場合 | 原則として信用リスクが当初認識以降に著しく増大しているかどうかの評価が必要であるが，全期間の予想信用損失を認識する会計方針を選択することができる（IFRS9.5.5.15）。 |

## (3)　IFRS 組替仕訳のための情報

■組替株式会社は，IFRSでは，重要な財務要素を含む営業債権の貸倒引当金に関して「信用リスクが当初認識以降に著しく増大しているかどうかの評価をせずに，営業債権の全期間の予想信用損失を認識する会計方針を選択しました（例外の選択）。したがって，すべての営業債権について，重要な財務要素を含むかどうかにかかわらず，全期間の予想信用損失の貸倒引当金を計上することになります。

■組替株式会社は，日本基準では，一般債権については期末残高に過去3年間の平均貸倒実績率を掛けた金額で貸倒引当金を計上していますが，過去の3年に多額の貸倒れが発生した年度が含まれる場合は，平均貸倒実績率が異常に高くなるという難点がありました。そのため，IFRSでは，一般債権については以下の年齢調べを基礎にした所定のテーブルを使用して貸倒引当金を設定することにしました。また，IFRSと日本基準では，日本基準の一般債

権以外の債権についての貸倒引当金の金額に差異はありませんでした。

■日本基準の仕訳は以下のとおりです。

[2020年3月31日（前年度末の貸倒引当金の仕訳の戻しは考慮していません)]

（単位：百万円）

| （借　方） | | （貸　方） | |
|---|---|---|---|
| 貸倒引当金繰入<br>（一般管理費） | 1,000 | 貸倒引当金 | 1,000 |

[2021年3月31日]

（単位：百万円）

| （借　方） | | （貸　方） | |
|---|---|---|---|
| 貸倒引当金繰入<br>（一般管理費） | 100 | 貸倒引当金 | 100 |

■年齢調べのテーブル（年齢調べ（売上債権の回収期日からの経過日数）と引当割合）

| 期日経過後 | 引当割合 |
|---|---|
| 60日－90日 | 20％ |
| 90日－120日 | 50％ |
| 120日超 | 100％ |

■年齢調べのテーブルに従った2020年3月31日と2021年3月31日の貸倒引当金の計算の情報です。

（単位：百万円）

| 期日経過後 | 引当割合(1) | 2020年3月31日 | | 2021年3月31日 | |
|---|---|---|---|---|---|
| | | 期末残高(2) | (1)×(2) | 期末残高(3) | (1)×(3) |
| 60日－90日 | 20％ | 2,000 | 400 | 1,500 | 300 |
| 90日－120日 | 50％ | 1,000 | 500 | 800 | 400 |
| 120日超 | 100％ | 400 | 400 | 200 | 200 |
| 合計 | | 3,400 | 1,300 | 2,500 | 900 |
| 日本基準の引当金の残高 | | | 1,000 | | 1,100 |

54

**実務のポイント**

　まず，重要な財務要素を含む営業債権について，IFRSが認めている「全期間の予想信用損失を認識する会計方針」を選択するかどうかが問題となります。金融機関でない場合には，情報の不足のために「12カ月の予想信用損失」の計算はかなり難しいので，「全期間の予想信用損失を認識する会計方針」の選択は実務に沿った選択といえます。全期間の予想信用損失の計算方法はその企業の状況に即して決定されることになるでしょう。

## (4)　IFRS 組替仕訳と変動表

■ IFRS 組替仕訳（2021年3月31日終了年度の繰越仕訳）（2020年4月1日の
　IFRS 組替仕訳）

（単位：百万円）

| （借　方） | | （貸　方） | |
|---|---|---|---|
| 利益剰余金 − 期首 | 210 | 貸 倒 引 当 金 | 300 |
| 繰延税金資産 − 非流動<br>（200×30％） | 90 | | |
| 合　　　　　計 | 300 | 合　　　　　計 | 300 |

■ IFRS 組替仕訳（2021年3月31日）

（単位：百万円）

| （借　方） | | （貸　方） | |
|---|---|---|---|
| 利益剰余金 − 期首 | 210 | 貸倒費用（一般管理費） | 500 |
| 貸 倒 引 当 金 | 200 | 繰延税金資産 − 非流動<br>（200×30％） | 60 |
| 繰 延 税 金 費 用<br>（300×30％） | 150 | | |
| 合　　　　　計 | 560 | 合　　　　　計 | 560 |

■変動表

（単位：百万円）

|  | 4/1/20 | 変動 | 3/31/21 |
|---|---|---|---|
| 貸倒引当金 | (300) | 500 | 200 |
| 税効果（30%） | 90 | (150) | (60) |
| 純額 | (210) | 350 | 140 |

# 2 棚卸資産

## (1) IFRS と日本基準との差異

棚卸資産に関する IFRS（IAS 第 2 号）と日本基準との主要な差異は，以下のとおりです。

| 項　目 | IFRS | 日本基準 |
|---|---|---|
| 棚卸資産の評価規準 | 低価法（IAS2.9）<sup>(注1)</sup>。 | 収益性の低下に応じて帳簿価額を切り下げる（低価法の用語は使用していない）。 |
| 低価法を適用するにあたり使用する時価 | 正味実現可能価額（IAS2.9）。 | 正味売却価額（正味実現可能価額）。一定の条件の下，再調達原価も認められる。 |
| 棚卸資産の評価減後の原価 | 洗替え方式（評価減の戻入れあり）（IAS2.34）。 | 「洗替え方式」または「切放し方式（評価減の戻入れなし）」の選択適用可<sup>(注2)</sup>。 |

(注1)　低価法（lower of cost or market）は米国基準の用語であり，IFRS でも日本基準でも使用されていませんが，日本では従来から一般的に使用されています。そのため，本書では，「帳簿価額」と「公正価値を基礎とした金額」の低いほうの金額で評価する場合に，「低価法」の用語を使用しています。低価法は，取得原価に含まれる評価方法で，未実現損失は計上されますが，未実現利益は計上されません。

(注2)　「洗替え方式」と「切放し方式」は日本基準で使用されている用語ですが，本書では IFRS に関しても使用しています。

## (2) IFRS 組替仕訳のための情報

■日本基準の2021年 3 月31日の製品 X に関する仕訳はありません。

■組替株式会社が IFRS で採用した評価規準と日本基準の評価規準による結果

は同じですが，評価減後の取扱いについては，日本基準は「切放し方式」を
採用しており，IFRS では「洗替え方式（評価減の戻入れあり）」になります。

■組替株式会社は，2020年 3 月31日に，製品 X（2020年 3 月末で数量10,000個，
単価100,000円，帳簿価額は1,000百万円，1 個当たり正味実現可能価額は
80,000円）について評価減を行いました。

■2021年 3 月31日現在，製品 X の正味実現可能価額は90,000円に上昇し，期末
の数量は6,000個でした。

■2020年 3 月31日には，IFRS の適用により，それ以前に評価減した製品の評
価減の戻入れはありませんでした。

---

**実務のポイント**

評価減を計上した棚卸資産のその後の「数量の動き」と「販売価格」はフォロー
する必要があります。もちろん，追加の評価減が計上される場合もあります。

---

## (3)　IFRS 組替仕訳と変動表

■ IFRS 組替仕訳（2021年 3 月31日終了年度の繰越仕訳）（2020年 4 月 1 日の
IFRS 組替仕訳）

> 該当なし

■ IFRS 組替仕訳（2021年 3 月31日）

（単位：百万円）

| （借　方） | | （貸　方） | |
|---|---|---|---|
| 棚卸資産（6,000個×<br>（90,000円−80,000円）） | 60 | 売 上 原 価 | 60 |
| 繰 延 税 金 費 用<br>　（60×30％） | 18 | 繰延税金資産−非流動 | 18 |
| 合　　　　　計 | 78 | 合　　　　　計 | 78 |

58

■変動表

| | 4/1/20 | 変動 | 3/31/21 |
|---|---|---|---|
| 棚卸資産 | 0 | 60 | 60 |
| 税効果（30%） | 0 | (18) | (18) |
| 純額 | 0 | 42 | 42 |

# 3 有価証券

## (1)　IFRS と日本基準との差異

　有価証券に関する IFRS（IFRS 第 9 号（2014年））と日本基準との主要な差異は，以下のとおりです。

| 項　　目 | IFRS | 日本基準 |
|---|---|---|
| 金融資産（有価証券）の区分 | 有価証券を含む金融資産はその後の測定の目的別に以下に区分される。<br>(a)FVTPL[注1]<br>(b)償却原価<br>(c)FVTOCI（債券）[注2][注3]<br>(d)FVTOCI（株式）[注3] | 有価証券は保有目的別に以下の 3 つに区分される。<br>(a)満期保有目的の債券<br>(b)トレーディング（売買）目的有価証券<br>(c)その他有価証券 |
| 公正価値オプション | 一定の要件を満たす場合，金融資産を当初に指定することにより公正価値評価（公正価値変動額は損益処理）することができる（IFRS9.4.1.5）。 | 左記のような規定はない。 |
| 有価証券の評価（満期保有投資（満期保有目的の債券）） | IAS 第39号では満期保有投資に分類されていた有価証券は，通常，償却原価法を適用。減損処理を行った場合，翌期以降，状況の変化により減損損失を戻し入れる。 | 満期保有目的の債券は，償却原価法を適用。減損処理を行った場合，適用を停止。 |
| 売却可能金融資産に分類されていた有価証券（その他有価証券）の評価 | IAS 第39号では売却可能金融資産に分類されていた有価証券<br>• 債券が「償却原価」の条件を満たした場合には「償却 | その他有価証券は，以下のいずれか。<br>①時価（公正価値）で評価し，評価差額（税効果考慮後）はすべて純資産の部に計上 |

| | | |
|---|---|---|
| | 原価」, 満たさなかった場合は「FVTOCI（債券）」の定義を満たせば「FVTOCI（債券）」, それも満たさなかった場合には「FVTPL」。<br>• 株式は, 原則「FVTPL」だが, FVTOCI（株式）の取消しのできない選択は可能。 | する。<br>②時価が取得原価を上回る銘柄に係る評価差益は純資産の部に計上し, 下回る銘柄に係る評価差損は当期の損失として処理。 |
| 金融資産の認識の中止 | リスクと経済価値アプローチ（IFRS9.3.2.6）。 | 財務構成要素アプローチ。 |
| 非上場株式の評価 | 公正価値。取得原価はきわめて限定的（IFRS9.B5.5）。 | 取得原価。 |

（注1） Fair Value Though Profit or Loss（公正価値で評価し, 変動額を損益で計上すること）。

（注2） Fair Value Through Other Comprehensive Income（公正価値で評価し, 変動額をその他の包括利益に計上すること）。

（注3）「FVTOCI（債券）」と「FVTOCI（株式）」の用語は, 説明のための区分であり, 便宜的に使用しており, IFRS で使用されている用語ではありません。


## (2) IFRS の補足的な説明

評価方法の条件は図表5－3のとおりです。

**図表5－3** 評価方法と適用の条件

| 評価方法 | 適用の条件 |
|---|---|
| 償却原価<br>（IFRS9.4.1.2） | 以下の双方を満たす<br>①「ビジネスモデル・テスト（契約上のキャッシュ・フローを回収するために資産を保有する「ビジネスモデル」であること）」<br>②「契約上のキャッシュ・フローの特性テスト（資産の契約上の条件が, 特定の日に元本と元本に対する利息の支払いのみのキャッシュ・フローを生じる）」 |
| FVTOCI（債券）<br>（IFRS9.4.1.2A） | 以下の双方を満たす<br>①「契約上のキャッシュ・フローの回収」と「金融資産の売却」の双方のために資産を保有する「ビジネスモデル」 |

| | ②資産の契約上の条件が、特定の日に元本と元本に対する利息の支払いのみのキャッシュ・フローを生じる（償却原価の条件と同じ）。 |
|---|---|
| FVTOCI（株式）<br>（IFRS9.4.1.4） | 取消しのできない選択 |

　また、旧基準である IAS 第39号の売却可能金融資産（日本基準の「その他有価証券」に相当）、FVTOCI（株式）、FVTOCI（債券）の異同は図表 5 − 4 のとおりです（いずれも公正価値の変動は OCI で計上されます。）。

**図表 5 − 4**　FVTPL 以外で公正価値評価する場合（3 つのケース）の異同

| 内　容 | その後の測定 | リサイクリング | 減　損 | 売却損益の概念 |
|---|---|---|---|---|
| IAS 第39号の売却可能金融資産 | 公正価値 | あり | あり | あり |
| IFRS 第 9 号の FVTOCI（債券） | 公正価値 | あり | あり | あり |
| IFRS 第 9 号の FVTOCI（株式） | 公正価値 | なし(注1) | なし | なし |

（注1）　ただし、資本の部の他の勘定への振替は認められます。

　IAS 第39号の売却可能金融資産と IFRS 第 9 号の FVTOCI（債券）の会計処理は同じです。

## (3)　IFRS 組替仕訳のための情報

■組替株式会社が保有する債券については、日本基準では満期保有目的（「償却原価」）であり、IFRS でも「償却原価」の 2 つの条件を満たしているので「償却原価」となるため、IFRS と日本基準の間に差異は生じません。

■日本基準の「その他有価証券」については、「時価（公正価値）で評価し、評価差額（税効果考慮後）はすべて純資産の部に計上する」方法を採用しています。

■日本基準の「その他有価証券」はすべて株式であり、IFRS では、FVTOCI（株式）の選択を行い、「その他の包括利益累計額」は発生時に利益剰余金に

振り替える会計方針を採用しました（IFRS では，リサイクリングは認められませんが，「その他の包括利益累計額」の資本の部のその他の勘定への振替は認められるため）。

■上記の会計方針の採用により，FVTOCI（株式）に関する「その他の包括利益累計額」の残高は常にゼロです。

■以下が日本基準の「投資有価証券」の2021年3月31日終了年度の増減明細です（保有しているのは親会社のみ）。

（単位：百万円）

| | その他有価証券 | 非上場有価証券 | 合計 |
|---|---|---|---|
| 3/31/20 | 67,000 | 1,000 | 68,000 |
| 購入 | 0 | 0 | 0 |
| 売却 | (45,000) | 0 | (45,000) |
| 公正価値増加 | 4,000 | | 4,000 |
| 3/31/21 | 26,000 | 1,000 | 27,000 |

■日本基準のその他有価証券の売却額は45,000百万円でした。

■日本基準のその他有価証券未実現損益（AOCI）の2021年3月31日終了年度の増減明細は以下のとおりです。

（単位：百万円）

| 日本基準 | 評価益 | 税効果（30%） | AOCI |
|---|---|---|---|
| 4/1/20 | 23,500 | 7,050 | 16,450 |
| 減損 | 3,000 | 900 | 2,100 |
| 売却 | (15,000) | (4,500) | (10,500) |
| 当期発生 | 4,000 | 1,200 | 2,800 |
| 3/31/21 | 15,500 | 4,650 | 10,850 |

■日本基準のその他有価証券に関する一時差異と繰延税金に関する表明細は以下のとおりです。

（単位：百万円）

| | その他有価証券 | | 一時差異 (B) − (A) | 繰延税金資産 一時差異 × 30% |
| | 購入価額（税務上の金額）(A) | IFRS（会計上の金額）(B) | | |
| --- | --- | --- | --- | --- |
| 3/31/20 | 43,500 | 67,000 | 23,500 | 7,050 |
| 購入 | 0 | 0 | 0 | 0 |
| 売却 | (30,000) | (45,000) | (15,000) | (4,500) |
| 減損 | 0 | 0 | 0 | 0 |
| 公正価値増加 | | 4,000 | 4,000 | 1,200 |
| 3/31/21 | 13,500 | 26,000 | 12,500 | 3,750 |

減損は一時差異に影響を与えません。

■日本基準の上場株式に関する仕訳は以下のとおりです。

[2020 年 3 月 31 日（累計）]　　　　　　　　　　　　　　　（単位：百万円）

| （借　方） | | （貸　方） | |
| --- | --- | --- | --- |
| その他有価証券 | 23,500 | AOCI − 有価証券 | 16,450 |
| | | 繰延税金資産(注3) | 7,050 |

[2021 年 3 月 31 日終了年度の上場株式の減損，売却，公正価値変動の仕訳]

（単位：百万円）

| （借　方） | | （貸　方） | |
| --- | --- | --- | --- |
| 減損（リサイクリング(注1)） | | | |
| 減損損失 | 3,000 | AOCI（減損） | 2,100 |
| | | 繰延税金費用 | 900 |
| 売却 | | | |
| 現　金 | 45,000 | その他有価証券 | 45,000 |
| 繰延税金資産(注2)(注3) | 4,500 | 繰延税金費用 | 4,500 |
| 当期法人税費用 | 4,500 | 未払法人税 | 4,500 |
| （リサイクリング(注1)） | | | |
| AOCI（売却） | 10,500 | 株式売却益 | 15,000 |
| 繰延税金費用 | 4,500 | | |
| 公正価値の変動 | | | |
| その他有価証券 （公正価値の変動） | 4,000 | AOCI − 有価証券 | 2,800 |
| | | 繰延税金資産(注3) | 1,200 |

（注1） リサイクリングの仕訳です。税効果後の金額で AOCI は計上されていたので，リサイクリングにあたり，損益項目（当期純利益に含まれる）の金額は「税効果前の金額」と「税効果の金額」で計上されます。

（注2） 売却により未実現利益が実現した（一時差異が解消した）ので対応する繰延税金資産は繰延税金費用を相手勘定にして引き落とされます。

（注3） 繰延税金資産の2021年3月31日の純額は3,750百万円。

■ 非上場株式に関する，取得以降の2020年3月31日現在および2021年3月31日終了年度に関する日本基準の仕訳はありません。

■ IFRS での非上場有価証券の公正価値は以下のとおりです。

（単位：百万円）

| 現在 | 公正価値 |
|---|---|
| 2020年3月31日 | 900 |
| 2021年3月31日 | 850 |

■ IFRS での株式の公正価値の変動（その他の包括利益計上額（税効果前））は，3,950百万円（4,000百万円（日本基準のその他有価証券）＋△50百万円（非上場株式））です。

■ IFRS の2021年3月31日終了年度の「その他の包括利益累計額」の増減明細は以下のとおりです。

（単位：百万円）

| | 株式（日本基準のその他有価証券） | | 非上場有価証券 | | 合 計 | |
|---|---|---|---|---|---|---|
| | 税効果前 | 税効果後 | 税効果前 | 税効果後 | 税効果前 | 税効果後 |
| 期首 | 0 | 0 | 0 | 0 | 0 | 0 |
| 公正価値の変動 | 4,000 | 2,800 | △50 | △35 | 3,950 | 2,765 |
| 振替（利益剰余金に） | △4,000 | △2,800 | 50 | 35 | △3,950 | △2,765 |
| 期末 | 0 | 0 | 0 | 0 | 0 | 0 |

**実務のポイント**

　日本企業の多くは，持ち合い等により株式を保有しています。海外では，通常，金融機関による株式の保有は禁止されており，また，一般企業も多額の株式を保有していることはあまりありません。したがって，日本企業が最も株式の評価の影響を受けることになります。

　IFRS 第 9 号では，株式は，原則は「FVTPL」ですが，「FVTOCI（株式）」の選択が可能であり，日本の IFRS 任意適用企業の多くは「FVTOCI（株式）」を選択しています。「FVTPL」では，株価の変動が「当期損益」に含まれ，それを避けるためであると思われます。「FVTOCI（株式）」を選択した場合には，リサイクリングは禁止ですが，他の資本の部の科目への振替は認められるため，以下のいずれかの選択をする必要があります。

　(a)　振替をしない（その他の包括利益累計額（AOCI）に金額が累積される）
　(b)　振替をする（振替の時期は企業が決定できます。例えば，AOCI に計上後すぐに振り替える方法です（この場合，関連する AOCI の金額は常にゼロ）。その他の方法（売却の場合に振替）も継続適用を条件として採用できます。）

　非上場株式に関しては，IFRS は公正価値での評価を求めています。非上場株式の公正価値の計算は実務的には情報が限定されていることから大変難しいものです。

　公正価値の対象となる資産に関する市場がない場合の公正価値の計算の方法には，インカム・アプローチ，マーケット・アプローチ，コスト・アプローチの 3 つがあります。コスト・アプローチは一般的には使用されず，インカム・アプローチの中の DCF（Discount Cash Flow）法が最も一般的といえます。しかし，非上場株式についての DCF 法の使用にあたっては，計算の基礎となる将来のキャッシュ・フローの数値の入手はかなり困難です。そのため，簡便法としては，入手可能な投資先の純資産の金額に何らかの修正をする方式も考えられます。

## ⑷ IFRS 組替仕訳と変動表

■ IFRS 組替仕訳（2021年3月31日終了年度の繰越仕訳）（2020年4月1日の IFRS 組替仕訳）

（単位：百万円）

| （借　方） | | （貸　方） | |
|---|---|---|---|
| AOCI－有価証券 | 16,450 | 利益剰余金－期首 | 16,450 |
| 利益剰余金－期首<br>（非上場株式分） | 70 | 投 資 有 価 証 券<br>（非上場株式分） | 100 |
| 繰延税金資産－非流動<br>（非上場株式分） | 30 | | |
| 合　　　　　計 | 16,550 | 合　　　　　計 | 16,550 |

　仕訳の一番上の行がFVTOCI（株式），2行目・3行目が非上場株式に関するものです。

■ IFRS 組替仕訳（2021年3月31日）

（単位：百万円）

| （借　方） | | （貸　方） | |
|---|---|---|---|
| AOCI－有価証券 | 10,850 | 利益剰余金－期首 | 16,450 |
| その他有価証券売却益 | 15,000 | 利益剰余金－増減 | 2,800 |
| 繰 延 税 金 費 用 | 900 | 有価証券の減損 | 3,000 |
| | | 当 期 法 人 税 費 用 | 4,500 |
| 利益剰余金－期首<br>（非上場株式分） | 70 | 投 資 有 価 証 券<br>（非上場株式分） | 150 |
| 利益剰余金－増減<br>（非上場株式分） | 35 | | |
| 繰延税金資産－非流動<br>（非上場株式分） | 45 | | |
| 合　　　　　計 | 26,900 | 合　　　　　計 | 26,900 |

　FVTOCI（株式）に関しては，日本基準で認められている「減損と売却時の

リサイクリング」は認められません。

　AOCI は税効果後の金額で計上されるので，日本基準のリサイクリングでは損益では総額で計上されます（上記の仕訳の例では，減損は3,000百万円と繰延税金費用の900百万円に分解され計上されます）。IFRS 組替仕訳ではそれらを戻します。

■変動表

（単位：百万円）

|  | 4/1/20 | 変動 | 3/31/21 |
|---|---|---|---|
| AOCI－FVTOCI（株式） | 16,450 | (5,600) | 10,850 |
| AOCI－非上場 | (100) | (50) | (150) |
| 税効果（30%） | 30 | 15 | 45 |
| 純額 | 16,380 | (5,635) | 10,745 |

# 4 売却目的保有資産

## (1) IFRS と日本基準との差異

売却目的保有資産に関する IFRS（IFRS 第 5 号）と日本基準との差異は，以下のとおりです。

| 項　目 | IFRS | 日本基準 |
|---|---|---|
| 売却目的保有資産（非流動） | 規定あり（IFRS 第 5 号）。 | 規定なし。 |
| 会計処理 | 低価法。減価償却は停止。 | 該当なし。 |

## (2) IFRS の補足的な説明

売却目的保有資産（対象は非流動資産）は，「継続的使用よりも主として売却取引により回収されること」に加え，売却の可能性が非常に高いこと（highly probable），分類日以降 1 年以内に売却が完了する予定であり，計画を完了させるために必要な行動により，計画に重要な変更が行われたり，計画が撤回されたりする可能性が低いことが示唆されているという要件を満たす必要があります（IFRS5.5～9）。この売却目的保有資産の概念は日本基準にはありません。

売却目的保有資産に該当すると，低価法（「帳簿価額」と「売却費用控除後の公正価値」）のいずれか低い金額で測定され，減価償却は停止され，財政状態計算書では，売却目的保有資産と関連する非流動負債は流動資産・流動負債として表示されます。売却目的保有資産の表示と会計処理は比較可能性の保持を目的としています。売却目的保有資産が非継続事業の定義を満たすことがあ

ります（121ページ参照）。非継続事業についても，財政状態計算書では関連する非流動資産を流動資産として表示すること，包括利益計算書では非継続事業に該当する売却目的保有資産の損益は1行に集約することによって年度間の比較可能性を保持しています（**16**参照）。

## (3)　IFRS組替仕訳のための情報

■組替株式会社は，バブル時代に購入し，現在は遊休状態にある土地とその上の建物の売却について（売却損が発生する），取締役会で2019年12月に承認しました。すでに仲介業者に仲介の依頼をしており，1年内には売却が完了する見込みであり，2019年12月末に売却目的保有資産の条件を満たしたと判断しています。

■2019年12月31日の売却予定の土地と建物の帳簿価額は以下のとおりです。

（単位：百万円）

| 勘　　定 | 2019年12月31日の日本基準の帳簿価額 |
|---|---|
| 土地 | 2,000 |
| 建物 | 800 |
| 減価償却累計額 | (400) |

■売却予想価額は1,800百万円，予想売却費用は200百万円です。

■関連する負債はありません。

■日本基準の建物に関する減価償却費（一般管理費）は2020年1月1日から3月31日までは10百万円，2020年4月1日から9月30日までは20百万円でした（定額法）。

■その後，2020年9月30日に売却が完了しました。売却額は1,700百万円で，売却費用は250百万円でした。

■日本基準の売却時の仕訳（2020年9月30日）

（単位：百万円）

| （借　方） | | （貸　方） | | |
|---|---|---|---|---|
| 減価償却累計額<sup>(注1)</sup> | 430 | 土 | 地 | 2,000 |
| 未 収 入 金 | 1,700 | 建 | 物 | 800 |
| 固定資産売却損 | 920 | 現 | 金 | 250 |
| 合　　　計 | 3,050 | 合 | 計 | 3,050 |

（注1）　400百万円＋10百万円＋20百万円

### 実務のポイント

　売却目的保有資産は日本基準にはない概念ですので，売却目的保有資産の定義を理解した上で，取締役会等での資産の売却の承認があった場合には，売却目的保有資産に該当するかどうかを決定することが必要です。

## (4)　IFRS 組替仕訳と変動表

■ IFRS 組替仕訳（2021年3月31日終了年度の繰越仕訳）（2020年4月1日の
　IFRS 組替仕訳）

（単位：百万円）

| （借　方） | | （貸　方） | | |
|---|---|---|---|---|
| 利益剰余金－期首 | 553 | 土 | 地 | 2,000 |
| 減価償却累計額<br>（400百万円＋10万円） | 410 | 建 | 物 | 800 |
| 売却目的保有の非流動<br>資産（流動資産）<sup>(注1)</sup> | 1,600 | | | |
| 繰延税金資産－非流動 | 237 | | | |
| 合　　　計 | 2,800 | 合 | 計 | 2,800 |

（注1）　帳簿価額2,390百万円（2,000百万円＋800百万円－410百万円）＞売却費用控
　　　　除後の公正価値1,600百万円（1,800百万円－200百万円）

■ IFRS 組替仕訳（2021年 3 月31日）

（単位：百万円）

| （借　方） | | （貸　方） | |
|---|---|---|---|
| 利益剰余金 – 期首 | 553 | 減 価 償 却 費<br>（一 般 管 理 費） | 20 |
| 固定資産売却損(注1) | 150 | 固 定 資 産 売 却 損 | 920 |
| 繰 延 税 金 費 用 | 237 | | |
| 合　　　　計 | 940 | 合　　　　計 | 940 |

（注 1 ）　当初の「売却費用控除後の公正価値」（1,600百万円＝1,800百万円－200百万円）と実際の費用控除後の売却額（1,450百万円＝1,700百万円－250百万円）との差額。

■変動表

（単位：百万円）

| | 4/1/20 | 変動 | 3/31/21 |
|---|---|---|---|
| 土地 | (2,000) | 2,000 | 0 |
| 建物 | (800) | 800 | 0 |
| 減価償却累計額 | 410 | (410) | 0 |
| 売却目的保有の非流動資産（流動資産） | 1,600 | (1,600) | 0 |
| | (790) | 790 | 0 |
| 税効果（30%） | 237 | (237) | 0 |
| 純額 | 553 | (553) | 0 |

# 5 有形固定資産－減価償却方法

## (1) IFRS と日本基準との差異

固定資産に関する IFRS（IAS 第16号）と日本基準との主要な差異は，以下のとおりです。

| 項　目 | IFRS | 日本基準 |
|---|---|---|
| 減価償却方法 | 当該資産の経済的便益が企業によって費消されるパターンを反映する（IAS16.60）。 | 定額法，定率法などから選択。実務的には税務上のメリットから定率法を選択している企業が多い（ただし，税務上で定額法しか認められない固定資産については定額法を採用している（以下(3)参照））。IFRS 移行前に定額法に変更する会社も増えている。 |
| 耐用年数 | 資産の使用態様，予測される物理的減耗，生産技術の変化等による技術的陳腐化などの要因を考慮した，経営者の予想と判断に基づき決定（IAS16.56&57）。 | 実務的には税法の規定による。 |
| 残存価額 | 減価償却可能額は，残存価額を控除後に決定される。実務的には，残存価額は少額で減価償却の計算に重要な影響を与えない（IAS15.53）。実務的にはゼロが多い。 | 実務的には税法の規定による（残存価額はゼロではない有形固定資産がある）。 |

## ⑵　IFRS の補足的な説明

　日本基準では，固定資産の減価償却に関しては，税法が，損金経理を条件に損金算入を認める「確定決算主義」を使用していることから，会計帳簿でも税法の規定が使用され，それが会計処理として認められます。具体的には，法定耐用年数の使用，取得価額の10％等の残存価額が挙げられます。また，より早期に減価償却費が計上されるという税務上のメリットから，減価償却の適切な方法の検討なしに，「定率法」を採用している会社が多くなっています。

　しかし，IFRS では，「減価償却方法は，資産の経済的便益が企業によって費消されるパターンを反映する方法でなくてはならない」としており，この観点からは，より早い期間により多くの数量を生産する製造設備のような場合を除いて，固定資産をほぼ平均的に使用する場合には「定率法」の選択は困難です。そのため，IFRS の任意適用にあたり，減価償却方法を「定率法」から「定額法」に変更する企業が多くなっています。

## ⑶　IFRS 組替仕訳のための情報

■組替株式会社は，税法に従った減価償却方法（定率法），耐用年数，残存価額を日本基準で使用しています。

　税法では，定率法に関しても取得年度によりいくつかの方法があります。

　⒜　従来の定率法

　⒝　2007年 4 月 1 日以降取得分に関する定率法（250％定率法）

　⒞　2012年 4 月 1 日以降取得分に関する定率法（200％定率法）

　また，建物（1998年 4 月 1 日以降取得）と建物付属設備・構築物（2016年 4 月 1 日以降取得）に関して定率法は認められず，定額法のみ使用されます。

■組替株式会社は，IFRS では，固定資産の償却年数は，税法上の法定耐用年数ではなく，会社独自の耐用年数を使用します。また，IFRS での残存価額はゼロとしました。さらに，親会社と国内子会社について減価償却方法を日本基準の「定率法」から「定額法」に変更しました。上記を反映した日本基

準とIFRSでの連結ベースの2020年3月31日終了年度と2021年3月31日終了年度の連結ベースの減価償却累計額の増減表は以下のとおりです（定額法の海外子会社の分や定額法のみ認められる建物も含まれています）。 **4** の売却目的保有資産の条件を満たした資産についてはIFRSでは償却がストップされますが，以下の表ではこれまでどおりの償却が含まれています。 **4** のIFRS組替仕訳では，売却目的保有資産の減価償却の戻しが行われています。

[減価償却累計額の増減表]　　　　　　　　　　　　　　　　　（単位：百万円）

| | 2020年3月31日終了年度 | | | 2021年3月31日終了年度 | | |
|---|---|---|---|---|---|---|
| | IFRS | 日本基準 | 差額 | IFRS | 日本基準 | 差額 |
| 期首 | 19,170 | 23,899 | 4,729 | 23,300 | 28,199 | 4,899 |
| 減価償却 | 4,800 | 5,000 | 200 | 4,900 | 4,800 | (100) |
| 売廃却 | (670) | (700) | (30) | (2,040) | (2,462) | (422) |
| 期末 | 23,300 | 28,199 | 4,899 | 26,160 | 30,537 | 4,377 |

**実務のポイント** ............................................................................

　IFRSの任意適用にあたり，IFRS任意適用年度より以前の年度に減価償却方法を「定率法」から「定額法」に変更する企業が多く見受けられます。減価償却方法の変更は，IFRSでは「見積りの変更（遡及適用せずに将来に向かって適用）」に該当し，日本基準では会計方針の変更に該当しますが将来に向かって適用します（結果として遡及修正しないという会計処理は同じ）。そのため，日本基準で減価償却方法を変更しても，変更は遡及適用されません。

　IFRSへ移行するという観点からは，通常は，その企業の会計方針として，減価償却方法は「定額法」が適切であれば，企業の設立から減価償却方法変更以前までのすべての年度について「定額法」を採用しなければなりません。したがって，理論的には，日本基準で「定率法」から「定額法」に変更した場合でも，IFRSでは「定額法」を遡及して適用しなければならないことになります。

　ただし，IFRS移行日において，「遡及的に適用した場合の減価償却累計額の数値」と「日本基準での「定額法」に途中から変更した減価償却累計額の数値」の差異に重要性がなければ，日本基準の減価償却累計額の数値をそのまま修正なしにIFRSで使用することは可能です。

　「定率法」から「定額法」に変更するIFRS組替仕訳の作成のためには「定額法」での減価償却累計額の把握が必要ですが，固定資産の数が多い場合にはコンピューターの利用が必須となると思われ，そのためには関係者との調整が必要になります。

............................................................................

## ⑷　IFRS 組替仕訳と変動表

■ IFRS 組替仕訳（2021年 3 月31日終了年度の繰越仕訳）（2020年 4 月 1 日の IFRS 組替仕訳）

（単位：百万円）

| （借　方） | | （貸　方） | |
|---|---|---|---|
| 減価償却累計額 | 4,899 | 利益剰余金－期首 | 3,429 |
| | | 繰延税金資産－非流動<br>（4,899×30%） | 1,470 |
| 合　　　　　計 | 4,899 | 合　　　　　計 | 4,899 |

■ IFRS 組替仕訳（2021年 3 月31日）

（単位：百万円）

| （借　方） | | （貸　方） | |
|---|---|---|---|
| 減価償却累計額 | 4,377 | 利益剰余金－期首 | 3,429 |
| 固定資産売廃却損 | 422 | 繰延税金費用(注1) | 157 |
| 減 価 償 却 費<br>（売 上 原 価)(注2) | 100 | 繰延税金資産－非流動<br>（4,377×30%） | 1,313 |
| 合　　　　　計 | 4,899 | 合　　　　　計 | 4,899 |

（注 1 ）　（422百万円＋100百万円）×30%
（注 2 ）　全額売上原価としました。

■変動表

（単位：百万円）

| | 4/1/20 | 変動 | 3/31/21 |
|---|---|---|---|
| 減価償却累計額 | 4,899 | (522) | 4,377 |
| 税効果（30%） | (1,470) | 157 | (1,313) |
| 純額 | 3,429 | (365) | 3,064 |

# 6 有形固定資産－コンポーネント会計

## (1) IFRSと日本基準との差異

コンポーネント・アカウンティング（会計）と修繕引当金に関するIFRS（IAS第16号）と日本基準との主要な差異は，以下のとおりです。

| 項　目 | IFRS | 日本基準 |
|---|---|---|
| コンポーネント・アカウンティング | 有形固定資産の取得価額を耐用年数が異なる重要な部分に分けて配分し，その部分ごとに減価償却を行う（IAS16.43）。 | 明確な規定はない。 |
| 固定資産に関する修繕引当金 | 引当金の計上ではなく，取得時に購入価額の中の修繕費用を見積もり，修繕の時に当該見積額の未償却残高があれば，処分損として計上し，修繕費用を新たに資産に追加する。 | 引当金として計上する。 |

## (2) IFRS組替仕訳のための情報

■組替株式会社は，2020年4月1日に19,000百万円で大規模な製造装置を購入しました。

■この製造装置は，コンポーネント・アカウンティングのためにいくつかの部分に区分されます。

■当該装置は1体の機械として作動し，日本基準での耐用年数は15年です。また，A部分に関しては定期的な修繕が必要で，5年後の修繕費用の見積りは，1,500百万円です。

■区分した B 部分については 3 年ごとの交換が必要です。生産設備の残存価額はゼロです。

■日本基準では，修繕引当金を2021年 3 月31日に1,500百万円計上しました。日本基準の2021年 3 月31日終了年度の仕訳は以下のとおりです。

（単位：百万円）

| （借　方） | | （貸　方） | |
|---|---|---|---|
| 修繕引当金繰入<br>（一 般 管 理 費） | 1,500 | 修 繕 引 当 金 | 1,500 |

■以下は購入した機械の概要です。

（単位：百万円）

| 構成部分 | 内　　容 | 購入価格 |
|---|---|---|
| A 部分 | 5 年に 1 回の大規模の修繕が必要である。 | 10,000 |
| B 部分 | 3 年に 1 回の交換が必要である。 | 5,000 |
| その他の部分 | 耐用年数の期間で特に交換，修繕の必要はない。 | 4,000 |
| 合計 | | 19,000 |

■組替株式会社は，減価償却方法として，IFRS では「定額法」，日本基準では「定率法」を採用していますが，上記 **5** の IFRS 組替仕訳により，当該資産を含めて，「定額法」の償却額に修正されています。償却額は1,267百万円（＝19,000÷15年）で売上原価として計上されています。

■IFRS での償却額の計算は以下のとおりです。

（単位：百万円）

| 構成部分 | 取扱い | 取得価額 | 耐用年数 | 償却額 |
|---|---|---|---|---|
| A 部分 | 取得原価 | 8,500 | 15年 | 567 |
| A 部分 | 5 年後の修繕費用 | 1,500 | 5 年 | 300 |
| B 部分 | 取得原価 | 5,000 | 3 年 | 1,667 |
| その他の部分 | 取得原価 | 4,000 | 15年 | 267 |
| 合計 | | 19,000 | | 2,801 |

78

実務のポイント

コンポーネント・アカウンティングの例示として IFRS で示されているのは，飛行機の機体部分とエンジン部分です。コンポーネント・アカウンティングの対象は耐用年数が異なる重要な部分であることに注意が必要で，重要な部分でない場合には適用しませんが，工場などの大規模な有形固定資産を所有している場合には検討が必要でしょう。また，大規模な有形固定資産に関しては修繕が必ず発生しますので，修繕引当金が設定されている場合には検討が必要です。

ちなみに，今後の修繕に関しての情報は以下のとおりです。

| 状　　況 | IFRS の会計処理 |
|---|---|
| 修繕が5年後ではなく4年後に発生，修繕額は1,500百万円 | 未償却残高の300百万円は，減価償却の修正として損益に計上。1,500百万円を資産計上し，次の修繕までの期間（5年間）で償却する。 |
| 修繕が5年後に発生，修繕費用は1,500百万円ではなく1,400百万円 | 1,400百万円を資産計上し，次の修繕までの期間（5年間）で償却する。 |

## (3)　IFRS 組替仕訳と変動表

■ IFRS 組替仕訳（2021年3月31日終了年度の繰越仕訳）（2020年4月1日の IFRS 組替仕訳）

該当なし

■ IFRS 組替仕訳（2021年3月31日）

（単位：百万円）

| （借　方） | | （貸　方） | |
|---|---|---|---|
| 減価償却費<br>（売上原価）(注1) | 1,534 | 減価償却累計額 | 1,534 |
| 修繕引当金 | 1,500 | 修繕引当金繰入<br>（一般管理費） | 1,500 |
| 繰延税金資産 –<br>非　流　動(注2) | 10 | 繰延税金費用 | 10 |
| 合　　　　　計 | 3,044 | 合　　　　　計 | 3,044 |

（注1）　2,801百万円 – 1,267百万円

（注2）　（1,534百万円 – 1,500百万円）× 30%

■変動表

（単位：百万円）

| | 4/1/20 | 変動 | 3/31/21 |
|---|---|---|---|
| 減価償却累計額 | 0 | (1,534) | (1,534) |
| 修繕引当金 | 0 | 1,500 | 1,500 |
| | 0 | (34) | (34) |
| 税効果（30%） | 0 | 10 | 10 |
| 純額 | 0 | (24) | (24) |

# 7 有形固定資産－減損損失の戻し

## (1)　IFRS と日本基準との差異

　長期性資産（有形固定資産と無形資産）の減損に関する IFRS（IAS 第36号）と日本基準との主要な差異は，以下のとおりです。

| 項　目 | IFRS | 日本基準 |
|---|---|---|
| 減損損失の認識の判定 | 「回収可能価額（正味売却価額）」と「使用価値（見積将来キャッシュ・フローの現在価値（割引後））」のいずれか高い金額）が，帳簿価額を下回る場合（IAS36.18）（1ステップ・アプローチ）。 | 見積将来キャッシュ・フロー（割引前）が帳簿価額を下回るかどうかを検討し，下回る場合に，割引後の見積将来キャッシュ・フローを計算し，減損金額を決定する（2ステップ・アプローチ）。 |
| 減損損失の戻入れ | 減損損失の戻入れの兆候により減損の原因となった事項が解消された場合，過去の減損損失認識額を上限として戻し入れる（IAS36.114）。ただし，のれんについては減損損失の戻入れはできない（IAS36.124）。 | 認められない。 |
| 使用価値計算のためのキャッシュ・フローの期間 | 資産の残存耐用年数。ただし承認された予算が使用できるのは最長5年間（IAS36.33）。 | 資産の経済的残存使用年数，または資産グループ中の主要資産の経済的残存使用年数と20年のいずれか短い年数。 |
| のれんおよび耐用年数を確定できない無形固定資産の減損テスト | 減損の兆候の有無にかかわらず，毎年実施（IAS36.10）。 | 減損の兆候がある場合。耐用年数を確定できない無形固定資産の概念はない。 |

## (2)　IFRS の補足的な説明

　個別資産について減損の兆候がある場合には，回収可能価額の見積りを行います。個別資産の回収可能価額を見積もることができない場合には，その資産の属する「現金生成単位」の回収可能価額を見積もります。回収可能価額は，「処分費用控除後の公正価値」と「使用価値」のいずれか高いほうとなります。使用価値の計算には，多くの場合，見積将来キャッシュ・フローを割引率によって現在価値に割り引く「インカム・アプローチ」が使用されます。

## (3)　IFRS 組替仕訳のための情報

■組替株式会社が過去に日本基準で実施した長期性資産（有形固定資産と無形資産）の減損に関しては，以下の有形固定資産 P を除いて，IFRS との差異はありませんでした。
■組替株式会社は，2015年 4 月 1 日に購入した機械 P について，2020年 3 月31日に，IFRS では減損損失1,500百万円を認識しました。日本基準では減損損失を認識していませんでした。
■当該機械は，日本基準では耐用年数10年の「定率法」，IFRS では耐用年数10年の「定額法」で償却されますが，5 の IFRS 組替仕訳にこの有形固定資産に関する「定率法」から「定額法」への修正（残存価額はゼロ）も含まれています。
■日本基準の有形固定資産 P に関する仕訳は以下のとおりです。

［2020年 3 月31日終了年度］　　　　　　　　　　　　　　　　（単位：百万円）

| （借　方） | | （貸　方） | |
|---|---|---|---|
| 減 価 償 却 費<br>（一 般 管 理 費） | 1,000 | 減 価 償 却 累 計 額 | 1,000 |

82

[2021年3月31日終了年度]　　　　　　　　　　　　　　　（単位：百万円）

| （借　方） | | （貸　方） | |
|---|---|---|---|
| 減価償却費<br>（一般管理費） | 1,000 | 減価償却累計額 | 1,000 |

■当該機械はある程度の汎用性があるため「処分費用控除後の公正価値」の計算が可能で，その金額を基礎にIFRSの減損損失の金額を決定しました。

■2021年3月31日終了年度になって減損損失の戻入れの兆候があり，検討の結果，2021年3月31日現在の機械の「処分費用控除後の公正価値」は4,300百万円でした。

■日本基準とIFRSの当該機械に関する情報は，以下のとおりです。

　　　　　　　　　　　　　　　　　　　　　　　　　（単位：百万円）

| | 日本基準 | IFRS | 差額 |
|---|---|---|---|
| 取得価額 | 10,000 | 10,000 | 0 |
| 3/31/19　帳簿価額 | 6,000 | 6,000 | 0 |
| 減価償却 | (1,000) | (1,000) | 0 |
| 減損損失 | | (1,500) | (1,500) |
| 3/31/20　帳簿価額 | 5,000 | 3,500 | (1,500) |
| 減価償却(注1) | (1,000) | (700) | 300 |
| 減損損失の戻入れ | | 1,200 | 1,200 |
| 3/31/21　帳簿価額 | 4,000 | 4,000 | 0 |

（注1）　IFRSの減価償却費　3,500百万円×1年/5年（残存期間）＝700百万円

### 実務のポイント

　減損損失の認識のために使用される方法が，IFRS（1ステップ・アプローチ）と日本基準（2ステップ・アプローチ）で異なっています。日本基準では割引前の見積将来キャッシュ・フローでのテストを実施するため，この第1ステップでOKとなり，第2ステップに進まない場合でも，IFRSでの割引後の見積将来キャッシュ・フローのテストで「減損あり」とされる場合が生じることに注意すべきです。

　また，減損テストは，減損の兆候がある「個別資産」について，使用価値を計算し，

使用価値が計算できない場合には，「個別資産」の属する「現金生成単位」の「回収可能価額」を計算します。実務では，売却実績などがない等により「処分費用控除後の公正価値」の計算ができず，「使用価値」を使用する場合が多くなります。使用価値の計算の要素は，「見積将来キャッシュ・フロー」と「割引率」であり，いずれも客観性が高いものではないことから，計算された「使用価値」も客観性の高いものとはいえないことに注意が必要です。

　この IFRS 組替仕訳の作成の例では，「処分費用控除後の公正価値」によって，減損損失を認識しています。

## (4)　IFRS 組替仕訳と変動表

■ IFRS 組替仕訳（2021年 3 月31日終了年度の繰越仕訳）（2020年 4 月 1 日の IFRS 組替仕訳）

（単位：百万円）

| （借　方） | | （貸　方） | |
|---|---|---|---|
| 利益剰余金－期首 | 1,050 | 機　　　　　械 | 1,500 |
| 繰延税金資産－非流動 | 450 | | |
| 合　　　　計 | 1,500 | 合　　　　計 | 1,500 |

■ IFRS 組替仕訳（2021年 3 月31日）

（単位：百万円）

| （借　方） | | （貸　方） | |
|---|---|---|---|
| 利益剰余金－期首 | 1,050 | 減 損 戻 入 益 | 1,200 |
| 繰 延 税 金 費 用 | 450 | 減 価 償 却 費<br>（一 般 管 理 費） | 300 |
| 合　　　　計 | 1,500 | 合　　　　計 | 1,500 |

　2019年 3 月31日の減損前帳簿価額は6,000百万円であり，減損がない場合の帳簿価額（償却後）は4,000百万円（4,000百万円＝6,000百万円－ 2 年×10,000百万円/10年）であり，減損損失の戻入れ後の上限の金額は4,000百万円です。

84

■変動表

| | 4/1/20 | 変動 | 3/31/21 |
|---|---|---|---|
| 機械 | 1,500 | (1,500) | 0 |
| 税効果（30%） | (450) | 450 | 0 |
| 純額 | 1,050 | (1,050) | 0 |

# 8 無形資産－開発費

## (1) IFRS と日本基準との差異

　無形資産に関する IFRS（IFRS 第16号）と日本基準との主要な差異は，以下のとおりです。

| 項　目 | IFRS | 日本基準 |
|---|---|---|
| 無形資産の定義 | 定義がある（資産の定義＋物理的な実体がない）。 | なし。ただし，のれん，特許権，借地権，商標権などの例示がある。 |
| 耐用年数を確定できるかどうかの検討 | 検討を実施する。耐用年数を確定できない無形資産の計上の可能性あり。 | 規定がない。すべての無形資産は償却される。 |
| 自己創設無形資産 | 原則，計上は禁止。ただし，条件を満たした開発費，のれん，認識の条件を満たした被取得企業の無形資産は計上する。 | 自社利用のソフトウェア開発に係る支出は一定の要件の下で資産計上できる。 |

## (2) IFRS の補足的な説明

　条件を満たした開発費は資産計上を要求されます。一方，研究費は全額費用計上されます。

　開発（development）とは，商業生産または使用の開始前に，「研究により発見する」，または「その他の知識を，新しいまたは相当に改良された材料，装置，製品，工程，システムまたはサービスの製作のための計画やデザインに

応用する」ことです（IAS38.8）。

　企業が以下の6つの条件のすべてを立証できる場合にのみ，開発（または内部の開発フェーズ）から生じる無形資産は認識されなければなりません（IAS38.57）。

> ①　将来使用または売却するため無形資産を完成させる「技術上の実現可能性（technical feasibility）」を確立すること
> ②　無形資産を完成し，使用する（または売却する）意思
> ③　無形資産を使用する（または売却する）能力
> ④　無形資産が可能性の高い将来の経済的便益を生み出す方法。特に，企業は無形資産からの生産物の市場または無形資産そのものの市場の存在，内部使用であればその無形資産の有用性を立証する必要がある。
> ⑤　開発を完了し，無形資産を使用する（または売却する）ための適切な技術的資源，財政的資源およびその他の資源の利用可能性
> ⑥　開発中に無形資産に帰属する支出を信頼性をもって測定できる能力

　上記を最初に満たした日以降に支出する金額の合計が取得原価となります。開発費は，上記の条件を満たさなければ費用として処理されます。

　「技術上の実現可能性」に関しては，IFRSには詳しいガイドラインはありません。米国基準で使用されている「技術的可能性（technological feasibility）」（製品を作成するために必要な計画，デザイン，コーディング，テストのすべてを完了したときに確立される）は，IFRSの「技術上の実現可能性」と類似した概念と思われます。

## (3)　IFRS組替仕訳のための情報

■組替株式会社は，新製品の開発を行っています。2020年3月31日終了年度において，当該開発費の支出総額は500百万円で，IFRSで資産計上すべき開発費の定義を満たした後の支出が300百万円ありました。

■日本基準では，開発費は全額費用計上しています。

■当該開発費の支出は2019年9月30日で終了し，10月1日から残存価額はゼロで5年の定額法で償却しています。

**実務のポイント**

　IFRS は，条件を満たした開発費の計上を強制しています。開発費の計上は，自己
創設無形資産の計上を認めない IFRS の例外です（他の例外は企業結合におけるのれ
んと被取得企業の認識の条件を満たした無形資産）。まず，研究費と開発費の区分が
必要です。
　開発費計上の条件を満たすかどうかの判断は難しいものですが，その基礎となる
データの収集がキーとなり，これは，いつ，6 つの条件を満たしたのかを決定する
ためには必要となります。これらの適切なデータを収集できるかどうかがポイント
です。


## (4)　IFRS 組替仕訳と変動表

■ IFRS 組替仕訳（2021年 3 月31日終了年度の繰越仕訳）（2020年 4 月 1 日の
　IFRS 組替仕訳）

（単位：百万円）

|（借　方）| |（貸　方）| |
|---|---|---|---|
| その他の無形資産 | 270 | 利益剰余金－期首 | 189 |
| | | 繰延税金資産－非流動<br>（270(注1)×30％） | 81 |
| 合　　　　計 | 270 | 合　　　　計 | 270 |

（注 1 ）　270百万円＝300百万円－30百万円（2019年10月 1 日から 6 カ月の償却費）

■ IFRS 組替仕訳（2021年3月31日）

（単位：百万円）

| （借　方） | | （貸　方） | |
|---|---|---|---|
| その他の無形資産 | 210 | 利益剰余金 – 期首 | 189 |
| 無形資産償却費<br>（一般管理費）(注1) | 60 | 繰延税金資産 – 非流動<br>　　（210×30％） | 63 |
| | | 繰延税金費用<br>　　（60×30％） | 18 |
| 合　　　　　　計 | 270 | 合　　　　　　計 | 270 |

（注1）　300百万円÷5年

■変動表

（単位：百万円）

| | 4/1/20 | 変動 | 3/31/21 |
|---|---|---|---|
| その他の無形資産 | 270 | (60) | 210 |
| 税効果（30％） | (81) | 18 | (63) |
| 純額 | 189 | (42) | 147 |

# 9 リース

## (1)　IFRS と日本基準との差異

　リース（借手）に関する IFRS（IFRS 第16号）と日本基準との主要な差異は，以下のとおりです。

| 項　目 | IFRS | 日本基準 |
|---|---|---|
| リースの分類 | リースの分類はしない(IFRS 16.222)。 | 「オペレーティング・リース」と「ファイナンス・リース」に分類する。 |
| リースの会計処理 | 「使用権資産」と「リース負債」を認識する。「使用権資産」の償却とリース料の支払による「リース負債」の返済処理を通じて，包括利益計算書において「使用権資産の償却費（定額)」と「リース負債の利息費用」を認識する。 | 「オペレーティング・リース」は，リース料を損益計上する。「ファイナンス・リース」はリース資産とリース負債を計上する。 |
| オペレーティング・リースの費用計上 | 以前はオペレーティング・リースに該当したリースについても定額の費用認識はしない。 | リース費用を定額で認識する。 |
| 例外 | 「短期リース」と「少額資産（低額）のリース」は資産・負債の計上なしに定額の費用計上ができる（IFRS16.5)。低額とは資産金額が5,000ドル以下（IFRS16.BC100)。 | 「ファイナンス・リース」に該当しても，重要でない所有権移転外リース，1年内のリースなどについて「オペレーティング・リース」の取扱いができる。 |

## (2) IFRS の補足的な説明

### (a) 使用権資産とリース負債の認識

　IFRS 第16号は，「支配モデル」を使用し，顧客により支配されている特定された資産が存在するかどうかにより，リースを識別しています。リースの「借手」は，「短期リース（リース期間が12カ月以内のリース）」と「少額資産のリース」についての認識の例外規定を適用する場合を除き，<u>すべてのリース</u>について，リース開始日に「使用権資産」と「リース負債」を認識します。

　「リース負債」は，リース開始日に，未決済のリース料の割引現在価値（割引率は，原則は「リースの計算利率」を使用，「リースの計算利率」を決定できない場合は「借手」の「追加借入利率」を使用）で計上します。「使用権資産」は，「リース負債」の測定額に以下を加算します。

　　① リース開始日以前のリース料支払額（前払リース料）（受領したリース・インセンティブ控除後）

　　② 「借手」により発生した初期直接コスト

　　③ リース契約により「借手」に発生する原資産（リースの対象資産）の解体・除去・原状回復義務費用と原資産の敷地の原状回復費用の見積額

リース料は，「リース負債の返済」と「利息費用」に配分され，使用権資産は，IAS 第16号「有形固定資産（「定額法」が採用されることが多い）」に従って償却します。したがって，IFRS 第16号では，従来の「オペレーティング・リース」についても従来の「キャピタル・リース」のように，早期により多くの費用が発生します。

### (b) 財政状態計算書での開示

　　① 使用権資産

　　　他の資産と区分掲記する（注記で開示する場合には，財政状態計算書では原資産を自己所有する場合の科目に原資産を含め，使用権資産が含まれ

る財政状態計算書の科目を開示する）

②　リース負債

他の負債と区分掲記する（注記で開示する場合には，リース負債が含まれる財政状態計算書の科目を開示する）

#### (c)　初度適用企業のための免除規定

初度適用企業のための免除規定（IFRS.D2）があり，原則的な方法ではなく，IFRS 移行日における残存リース料を追加借入利子率で割り引いた現在価値で「使用権資産」と「リース負債」を計上できます。

### (3)　IFRS 組替仕訳のための情報

■組替株式会社は，日本基準では「オペレーティング・リース」に分類されている本社ビルのリース契約を締結しています。その他の日本基準の「オペレーティング・リース」について，IFRS では「短期リース」または「少額資産のリース」の例外規定を使用して，リース料を定額で計上しています。本社ビルのリース契約の内容は以下のとおりです。

①　リース期間：2020年3月31日から4年間

②　リース料：月200百万円

③　追加利子率：2％

■リース契約に規定されている原状回復義務に関しては，日本基準で資産除去債務を計上しており，IFRS でも修正なしに当該金額を引き継ぎました。

■使用権資産は4年で定額償却します。

■IFRS 第1号の初度適用企業のための免除規定を使用しました。免除規定（IFRS1.D2）により，IFRS 移行日（組替株式会社にとっては2020年4月1日）における残存リース料を追加借入利子率で割り引いた現在価値で「使用権資産」と「リース負債」を計上しました。

■2021年3月31日終了年度の日本基準の仕訳

(単位：百万円)

| （借　方） | | （貸　方） | |
|---|---|---|---|
| リース料 (一般管理費) | 2,400 | 現　　　　金 | 2,400 |

■ IFRS での 2 ％（追加の利子率）のリース負債の返済スケジュールは以下の
とおりです。

(単位：百万円)

| 終了年度 | 利息 | 負債の返済 | 合計（リース料） |
|---|---|---|---|
| 2021年3月31日 | 164 | 2,236 | 2,400 |
| 2022年3月31日 | 119 | 2,281 | 2,400 |
| 2023年3月31日 | 73 | 2,327 | 2,400 |
| 2024年3月31日 | 26 | 2,374 | 2,400 |
| 合計 | 382 | 9,218 | 9,600 |

実務のポイント

　IFRS 第16号では，原則として，すべてのリースについて資産と負債が計上されます。リースの分類はされませんが，従来の「ファイナンス・リース」の取扱いには変更はなく，従来の「オペレーティング・リース」の取扱いが変更されることになります。ただし，「短期リース（リース期間が12カ月以内のリース）」には例外規定があり，資産と負債の計上は要求されません。そのため，この IFRS 組替仕訳では，従来のオペレーティング・リースで金額が大きいと思われる本社の建物のリースを挙げていますが，建物のリースでは，当初の数年間のリース期間経過後，1年間の自動延長をする契約が多くあります。そうなると，リース期間経過後に自動延長となった場合には，「短期リース」に該当するかどうかが問題となるでしょう。

## ⑷　IFRS 組替仕訳と変動表

■ IFRS 組替仕訳（2021年 3 月31日終了年度の繰越仕訳）（2020年 4 月 1 日の
　IFRS 組替仕訳）

（単位：百万円）

| （借　方） | | （貸　方） | |
|---|---|---|---|
| 使 用 権 資 産 | 9,218 | リ ー ス 負 債 | 6,982 |
| | | 1 年内のリース負債 | 2,236 |
| 合　　　　　計 | 9,218 | 合　　　　　計 | 9,218 |

■ IFRS 組替仕訳（2021年 3 月31日）

（単位：百万円）

| （借　方） | | （貸　方） | |
|---|---|---|---|
| 使 用 権 資 産 | 9,218 | リ ー ス 負 債 | 6,937 |
| リ ー ス 負 債 | 2,236 | 1 年内のリース負債 | 2,281 |
| 利 　 息 　 費 　 用 | 164 | リース料（一般管理費） | 2,400 |
| 使用権資産償却<br>（一般管理費）(注1) | 2,305 | 使 用 権 資 産 | 2,305 |
| 繰延税金資産 − 非流動 | 21 | 繰 延 税 金 費 用 | 21 |
| 合　　　　　計 | 13,944 | 合　　　　　計 | 13,944 |

（注 1 ）　9,218百万円÷ 4 年

■変動表

（単位：百万円）

| | 4/1/20 | 変動 | 3/31/21 |
|---|---|---|---|
| 使用権資産 | 9,218 | (2,305) | 6,913 |
| リース負債 | (9,218) | 2,236 | (6,982) |
| | 0 | (69) | (69) |
| 税効果（30%） | 0 | 21 | 21 |
| 純額 | 0 | (48) | (48) |

# 10 繰延資産

## (1) IFRS と日本基準との差異

繰延資産に関する IFRS と日本基準との主要な差異は，以下のとおりです。

| 項　目 | IFRS | 日本基準 |
|---|---|---|
| 繰延資産 | 繰延資産の計上は認められない。 | 創立費，開業費，開発費，社債発行費，新株交付費。 |
| 創立費 | 費用計上。 | 原則として一時に費用計上。繰延資産として5年以内に償却することができる。 |
| 新株交付費 | 資本の部（資本剰余金）から控除（IAS32.35）。 | 原則として一時に費用計上。繰延資産として3年以内に償却することができる。 |

## (2) IFRS 組替仕訳のための情報

■組替株式会社のある子会社は，2017年4月1日に計上した創立費は100百万円でした。

■2018年4月1日に増資を行い，新株交付費は120百万円でした。

■税率は2019年3月31日終了年度から30％で変動はありません。

■日本基準では，創立費と新株交付費を繰延資産として計上し，創立費は5年，新株交付費は3年で定額償却しています。

■日本基準の繰延資産（創立費と新株交付費）の帳簿価額の変動は以下のとおりです。

（単位：百万円）

|  | 創立費 | 株式交付費 | 合計 |
|---|---|---|---|
| 4/1/17 | 0 |  | 0 |
| 発生 | 100 |  | 100 |
| 償却 | (20) |  | (20) |
| 3/31/18 | 80 |  | 80 |
| 発生 |  | 120 | 120 |
| 償却 | (20) | (40) | (60) |
| 3/31/19 | 60 | 80 | 140 |
| 償却 | (20) | (40) | (60) |
| 3/31/20 | 40 | 40 | 80 |
| 償却 | (20) | (40) | (60) |
| 3/31/21 | 20 | 0 | 20 |

■日本基準の繰延資産に関する2021年3月31日終了年度の仕訳は以下のとおりです。

（単位：百万円）

| （借　方） | | （貸　方） | |
|---|---|---|---|
| 繰延資産償却<br>（一般管理費） | 60 | 繰延資産 | 60 |
| 未払法人税 | 24 | 当期法人税費用 | 24 |

### 実務のポイント

　IFRS では，繰延資産は資産の定義を満たさないので，計上が認められません。繰延資産が計上されている場合には IFRS 組替仕訳が必要です。

## (3)　IFRS組替仕訳と変動表

■ IFRS組替仕訳（2021年3月31日終了年度の繰越仕訳）（2020年4月1日の
IFRS組替仕訳）

（単位：百万円）

| （借　方） | | （貸　方） | |
|---|---|---|---|
| 資本剰余金<sup>(注1)</sup> | 84 | 利益剰余金－期首 | 28 |
| 繰延税金資産－非流動 | 24 | 繰延資産 | 80 |
| 合　　　　　計 | 108 | 合　　　　　計 | 108 |

（注1）　120×（1－30%）

■ IFRS組替仕訳（2021年3月31日）

（単位：百万円）

| （借　方） | | （貸　方） | |
|---|---|---|---|
| 資本剰余金 | 84 | 利益剰余金－期首 | 28 |
| 繰延税金資産－非流動 | 6 | 繰延資産 | 20 |
| 繰延税金費用 | 18 | 繰延資産償却（一般管理費） | 60 |
| 合　　　　　計 | 108 | 合　　　　　計 | 108 |

■変動表

（単位：百万円）

| | 4/1/20 | 変動 | 3/31/21 |
|---|---|---|---|
| 繰延資産（創立費） | (40) | 40 | 0 |
| 繰延資産（新株交付費） | (40) | 20 | (20) |
| | (80) | 60 | (20) |
| 税効果（30%） | 24 | (18) | 6 |
| 資本剰余金 | 84 | | 84 |
| 純額 | 28 | 42 | 70 |

# 11 引当金－有給休暇引当金

## (1) IFRSと日本基準との差異

　引当金（有給休暇引当金を含む）に関するIFRS（IAS第37号，IAS第19号）と日本基準との主要な差異は，以下のとおりです。

| 項　目 | IFRS | 日本基準 |
|---|---|---|
| 引当金の認識 | 以下の場合に認識する。<br>● 過去の事象の結果として，現在の債務を有している。<br>● 債務の決済のため経済的便益を有する資源が流出する可能性が高い。<br>● 債務の金額が信頼性をもって見積もることができる。<br>割引計算が要求される。 | 将来の特定の費用または損失（例：修繕引当金）で，その発生が当期以前の事象に起因し，発生の可能性が高く，かつその金額を合理的に見積もることができる場合，貸借対照表の負債または資産として（例：貸倒引当金）計上（評価性引当金を含む）。<br>割引計算に関する規定はない。 |
| リストラクチャリング引当金 | 引当条件の規定あり。 | 規定はなく，引当金の一般要件にて計上。 |
| 現在の債務 | 引当金は現在の債務であることが要求される（IAS37.14）。 | 現在の債務であることは要求されない。 |
| 有給休暇引当金 | 翌年に繰越可能な有給休暇制度の有給休暇は，従業員が将来の有給休暇の権利を増加させる役務を提供した時に予想される費用を認識しなければならない（IAS19.13）。 | 規定なし。 |

## ⑵　IFRS 組替仕訳のための情報

■組替株式会社の就業規則は，前年の勤務により，４月１日に有給休暇を付与
する規定を有しています。

■有給休暇は付与から２年間使用できますが，２年経過後は切り捨てられます。

■日本基準では有給休暇引当金は計上していません。

■IFRS 組替仕訳での費用計上額の３分の２を売上原価，３分の１を一般管理
費とします。

■過年度の有給休暇の付与日数と消化実績

| 付与日 | 1年目消化 | 2年目消化 | 消減 | 合計（付与日数） |
|---|---|---|---|---|
| 4/1/18 | 18,000 | 44,000 | 28,000 | 90,000 |
| 4/1/19 | 19,000 | 46,000 | 26,000 | 91,000 |
| 4/1/20 | 19,000 | 46,000 | 27,000 | 92,000 |
| 4/1/21 | 情報なし | 情報なし | 情報なし | 94,000 |

■消化率の計算

| 付与日 | 付与日数(A) | 消化日数(B) | 消化率　((B)/(A)) |
|---|---|---|---|
| 4/1/18 | 90,000 | 62,000 | 68.8% |
| 4/1/19 | 91,000 | 65,000 | 71.4% |
| 4/1/20 | 92,000 | 65,000 | 70.6% |
| 加重平均 | 273,000 | 192,000 | 70.3% |

消化率は加重平均の小数点第１位以下を切り捨てた70％を使用します。

■2020年３月31日終了年度の平均日給＝16,800円

■2021年３月31日終了年度の平均日給＝17,000円

■消化予想日数の計算（3/31/20）

| 付与日 | 消化実績 |
|---|---|
| 4/1/19 | 46,000 |
| 4/1/20 | 65,000 |
| | 111,000 |

■消化予想日数の計算（3/31/21）

| 付与日 | 付与日数<br>(A) | 消化率<br>（単純平均(B)） | 消化実績 | 消化実績＋<br>将来消化日数<br>((A)×(B)) |
|---|---|---|---|---|
| 4/1/20 | | | 46,000 | 46,000 |
| 4/1/21 | 94,000 | 70% | | 65,800 |
| | | | | 111,800 |

■有給休暇引当金の計算

| 付与日 | 平均日給（円）<br>(A) | 将来消化日数<br>(B) | 未払有給休暇<br>（百万円）<br>((A)×(B)) |
|---|---|---|---|
| 3/31/19 | 16,800 | 111,000 | 1,865 |
| 3/31/20 | 17,000 | 111,800 | 1,901 |

**実務のポイント**

　有給休暇に関しては，会社の就業規則での有給休暇の規定の内容を理解すること（有給休暇の引当ての条件を満たすかどうか確認すること）と有給休暇の付与日数と消化日数の情報を人事から入手することが重要です。

　また，通常は，1人当たり給与の金額を算定して有給休暇引当金の計算に使用しますが，この場合には，給与の範囲が問題となります。基本給以外の部分（諸手当，賞与，社会保険料など）をどこまで「計算の基礎となる給与」に含めるかを決定します。

## (3)　IFRS 組替仕訳と変動表

■ IFRS 組替仕訳（2021年3月31日終了年度の繰越仕訳）（2020年4月1日の
IFRS 組替仕訳）

（単位：百万円）

| （借　方） | | （貸　方） | |
|---|---:|---|---:|
| 利益剰余金 – 期首 | 1,306 | 有給休暇引当金 | 1,865 |
| 繰延税金資産 – 非流動 | 559 | | |
| （1,865×30％） | | | |
| 合　　　　　計 | 1,865 | 合　　　　　計 | 1,865 |

■ IFRS 組替仕訳（2021年3月31日）

（単位：百万円）

| （借　方） | | （貸　方） | |
|---|---:|---|---:|
| 利益剰余金 – 期首 | 1,306 | 有給休暇引当金 | 1,901 |
| 売　上　原　価 | 24 | 繰延税金費用 | 11 |
| 一　般　管　理　費 | 12 | | |
| 繰延税金資産 – 非流動 | 570 | | |
| （1,901×30％） | | | |
| 合　　　　　計 | 1,912 | 合　　　　　計 | 1,912 |

■変動表

（単位：百万円）

| | 4/1/20 | 変動 | 3/31/21 |
|---|---:|---:|---:|
| 有給休暇引当金 | (1,865) | (36) | (1,901) |
| 税効果（30％） | 559 | 11 | 570 |
| 純額 | (1,306) | (25) | (1,331) |

# 12 年金負債

## (1) IFRS と日本基準との差異

　年金に関する IFRS（IAS 第19号）と日本基準との主要な差異は，以下のとおりです。

| 項　目 | IFRS | 日本基準 |
|---|---|---|
| 確定給付債務の評価 | 給付算定式基準。 | 期間定額基準と給付算定式基準のいずれか。 |
| 年金債務の割引率 | 財政状態計算書日における優良社債の市場利回りを参照して決定。 | 期末日における安全性の高い債券の利回り（期末における国債，政府機関債および優良社債（例えば，複数の格付機関による直近の格付けがダブル A 格相当以上）の利回りが含まれる）を基礎。 |
| 勤務費用の定義 | あり。 | なし。 |
| 再測定（日本基準の数理計算上の差異に相当） | 負債純額に基づき計算する。 | 年金債務と制度資産について別々に計算する。 |
| 期待運用収益率 | 使用しない。 | 使用する。 |
| 過去勤務費用の認識方法 | 全額，損益計上。リサイクリングは禁止。ただし，資本の部の他の勘定への振替は認められる。 | 平均残存勤務期間以内で均等償却。発生時に一時償却することも認められる。 |
| 再測定（年金数理計算上の差異）の認識方法 | その他の包括利益として計上。 | 平均残存勤務期間以内で均等償却。発生時に一時償却することも認められる。 |

| 年金資産の資産計上 | 制度資産が確定給付債務を超える部分。ただし，限度が設定されている。 | 限度の設定なし。 |
| 複数事業主制度（確定給付型） | 通常の場合と同様の処理（例外あり）。 | 確定拠出制度と同様。 |

## (2) IFRS の補足的な説明

　現在の IAS 第19号は，2011年に全面的に改訂されたものです。旧 IAS 第19号は現在の日本基準とほぼ同様な内容でしたが，現在の IAS 第19号は以下の点が日本基準（および旧 IAS 第19号）と違っています。

- 数理計算上の差異（改訂後は数理計算上の差異は「確定給付負債の純額の再測定」といい，定義も少々変更になった）については，改訂後は発生時に「その他の包括利益」として認識する。

- 改訂後は数理計算上の差異（改訂後は「確定給付負債の純額の再測定」）に制度資産の実際収益と予想収益の差額は含まれない。

- 改訂前は独立した開示項目であった過去勤務費用は，改訂後は勤務費用に含まれる（改訂後は全額発生時に損益で認識）。

- 改訂前は独立した開示項目であった「縮小」は，改訂後は過去勤務費用として勤務費用に含まれる。

- 改訂前は独立した開示項目であった「清算」は，改訂後は勤務費用に含まれる。

- 改訂後は「確定給付負債（資産）の純額の利息の純額」の概念の導入により，制度資産の期待運用収益率は使用せず，確定給付債務の現在価値の計算に使用した割引率を使用する。

## (3) IFRS 組替仕訳のための情報

■組替株式会社は，年金債務の計算に関して，日本基準で「給付算定式基準」

を採用していますが，年金資産の管理先の信託会社の年金数理士と会計監査人側の年金数理士の協議の結果，日本基準の年金数理の情報はIFRSでそのまま使用できることになりました。

■組替株式会社は，年金に関する「その他の包括利益累計額」を発生時に資本の部の他の勘定（利益剰余金）に振り替える会計方針を採用しました。

■海外子会社は，確定拠出制度を有しています。国内子会社は確定給付制度を有しています。国内子会社については，親会社（組替株式会社）と同様に年金数理士の報告書（以下の表を参照）を入手しています。親会社のIFRS組替仕訳に必要な情報（年金数理士の報告書）を以下で示しています。

■なお，IFRSと日本基準では，連結会計上の年金に関する資産と負債は同額なので，繰延税金資産－非流動・負債の金額は同じです。

■親会社の年金数理士の報告書（日本基準とIFRSの双方で使用）は以下のとおりです。

（単位：百万円）

|  | 2020年3月31日終了年度 | 2021年3月31日終了年度 |
|---|---|---|
| 期末の制度資産の公正価値 | 16,000 | 17,000 |
| 期末の確定給付債務の現在価値 | 40,000 | 42,000 |
| 期末の数理計算上の差異（日本基準）(損) | 11,000 | 11,074 |
| 期末の数理計算上の差異の償却 | 500 | 550 |
| 期末の割引率 | 1 % | 1 % |
| 期待運用収益率 | 1.4% | 1.5% |
| 当年度の年金支払額 | 800 | 820 |
| 当年度の会社の拠出額 | 1,850 | 1,800 |
| 当年度の制度資産の実際運用収益 | 180 | 170 |
| 当期の勤務費用 | 2,100 | 2,000 |

104

■日本基準の2020年3月31日と2021年3月31日の積立状況は，以下のとおりです。

(単位：百万円)

| | 2020年3月31日 | | | 2021年3月31日 | | |
|---|---|---|---|---|---|---|
| | 親会社 | 子会社 | 合計 | 親会社 | 子会社 | 合計 |
| 年金給付債務 | 40,000 | 8,000 | 48,000 | 42,000 | 8,500 | 50,500 |
| 年金資産 | (16,000) | (2,000) | (18,000) | (17,000) | (3,000) | (20,000) |
| 積立状況 | 24,000 | 6,000 | 30,000 | 25,000 | 5,500 | 30,500 |

■日本基準の親会社の制度資産・負債の変動表は以下のとおりです。

(負債・(資産)) (単位：百万円)

| | 制度資産 | 負債 | NET | 数理計算上の差異 | AOCI税効果後 | 年金費用 |
|---|---|---|---|---|---|---|
| 4/1/20 | (16,000) | 40,000 | 24,000 | (11,000) | (7,700) | |
| 勤務費用 | | 2,000 | 2,000 | | | 2,000 |
| 利息費用(注1) | | 400 | 400 | | | 400 |
| 期待収益(注2) | (224) | | (224) | | | (224) |
| 年金の支払 | 970 | (970) | 0 | | | |
| 拠出金 | (1,800) | | (1,800) | | | |
| 数理計算上の差異の償却 | | | 0 | 550 | 385 | 550 |
| 数理計算上の差異 | 54 | 570 | 624 | (624) | (437) | |
| 3/31/21 | (17,000) | 42,000 | 25,000 | (11,074) | (7,752) | 2,726 |

(注1) 期首×1％
(注2) 期首×1.4％

■IFRS の親会社の制度資産・負債の変動表は以下のとおりです。

（負債・（資産））　　　　　　　　　　　　　　　　　　　　（単位：百万円）

| | 制度資産 | 負債 | 純額 | 年金費用 | |
| --- | --- | --- | --- | --- | --- |
| | | | | 損益 | OCI |
| 4/1/20 | (16,000) | 40,000 | 24,000 | | |
| 勤務費用 | | 2,000 | 2,000 | 2,000 | |
| 純利息費用(注1) | (160) | 400 | 240 | 240 | |
| 年金の支払 | 820 | (820) | 0 | | |
| 拠出金 | (1,800) | | (1,800) | | |
| 再測定（損） | 140 | 420 | 560 | | 560 |
| 3/31/21 | (17,000) | 42,000 | 25,000 | 2,240 | 560 |

（注1）　期首×1％

■日本基準の子会社の制度資産・負債の変動表は以下のとおりです。

（負債・（資産））　　　　　　　　　　　　　　　　　　　　（単位：百万円）

| | 制度資産 | 負債 | 純額 | 数理計算上の差異 | AOCI 税効果後 | 年金費用 |
| --- | --- | --- | --- | --- | --- | --- |
| 4/1/20 | (2,000) | 8,000 | 6,000 | (1,429) | (1,000) | |
| 勤務費用 | | 498 | 498 | | | 498 |
| 利息費用(注1) | | 80 | 80 | | | 80 |
| 期待収益(注2) | (28) | | (28) | | | (28) |
| 年金の支払 | 178 | (178) | | | | |
| 拠出金 | (1,000) | | (1,000) | | | |
| 数理計算上の差異の償却 | | | | 86 | 60 | 86 |
| 数理計算上の差異 | (150) | 100 | (50) | 50 | 35 | |
| 3/31/21 | (3,000) | 8,500 | 5,500 | (1,293) | (905) | 636 |

（注1）　期首×1％
（注2）　期首×1.4％

■ IFRS の子会社の制度資産・負債の変動表は以下のとおりです。

（負債・（資産））　　　　　　　　　　　　　　　　　　　　　　（単位：百万円）

| | 制度資産 | 負債 | 純額 | 年金費用 | |
|---|---|---|---|---|---|
| | | | | 損益 | OCI |
| 4/1/20 | (2,000) | 8,000 | 6,000 | | |
| 勤務費用 | | 498 | 498 | 498 | |
| 純利息費用（注1） | (20) | 80 | 60 | 60 | |
| 年金の支払 | 178 | (178) | | | |
| 拠出金 | (1,000) | | (1,000) | | |
| 再測定（損） | (158) | 100 | (58) | | (58) |
| 3/31/21 | (3,000) | 8,500 | 5,500 | 558 | (58) |

（注1）　期首×1％

■日本基準のその他の包括利益累計額の変動は以下のとおりです。

（借方・（貸方））　　　　　　　　　　　　　　　　　　　　　　（単位：百万円）

| | 親会社 | | | 子会社 | | | 合計 |
|---|---|---|---|---|---|---|---|
| | 税効果前 | 税効果 | 税効果後 | 税効果前 | 税効果 | 税効果後 | |
| 4/1/20 | 11,000 | (3,300) | 7,700 | 1,429 | (429) | 1,000 | 8,700 |
| 償却 | (550) | 165 | (385) | (86) | 26 | (60) | (445) |
| 発生 | 624 | (187) | 437 | (50) | 15 | (35) | 402 |
| 3/31/21 | 11,074 | (3,322) | 7,752 | 1,293 | (388) | 905 | 8,657 |

■ IFRS の2021年3月31日終了年度の「再測定」の増減明細は，以下のとおり
です。

損失（△利益）　　　　　　　　　　　　　　　　　　　（単位：百万円）

|  | 親会社 | | 子会社 | | 合計 | |
|---|---|---|---|---|---|---|
|  | 税効果前 | 税効果後 | 税効果前 | 税効果後 | 税効果前 | 税効果後 |
| 期首 | 0 | 0 | 0 | 0 | 0 | 0 |
| 発生 | 560 | 392 | △58 | △41 | 502 | 351 |
| 振替（利益剰余金に） | △560 | △392 | 58 | 41 | △502 | △351 |
| 期末 | 0 | 0 | 0 | 0 | 0 | 0 |

■ IFRS も日本基準も年金費用は計上額の 3 分の 2 を売上原価，3 分の 1 を一般管理費とします。

### 実務のポイント

　まず，日本基準では「給付算定式基準」を強制していないため，日本基準の年金債務の計算結果が IFRS でも使用できるかどうかの決定をしなければなりません。この判断については，会社側の年金数理士と会計監査人の年金数理士に検討してもらいます。
　IFRS での「確定給付負債の純額の再測定（日本基準の年金数理上の差異に相当）」は，その他の包括利益として計上されますが，リサイクリングは禁止です。しかし，資本の部の他の勘定への振替は認められているので，当該振替をするかしないか，するとすれば，いつどの勘定にするかを決定する必要があります。

## (4)　IFRS 組替仕訳と変動表

■ IFRS 組替仕訳（2021年 3 月31日終了年度の繰越仕訳）（2020年 4 月 1 日の IFRS 組替仕訳）

（単位：百万円）

| （借　方） | | （貸　方） | |
|---|---|---|---|
| 利益剰余金－期首 | 8,700 | ＡＯＣＩ－年金 | 8,700 |

108

■ IFRS 組替仕訳（2021年3月31日）

（単位：百万円）

| （借　方） | | （貸　方） | |
|---|---|---|---|
| 利益剰余金 – 期首 | 7,700 | ＡＯＣＩ－年金 | 7,752 |
| 利益剰余金 – 増減(注4) | 392 | 売上原価(注1) | 324 |
| 繰延税金費用(注3) | 146 | 一般管理費(注2) | 162 |
| 合　　　　　計 | 8,238 | 合　　　　　計 | 8,238 |
| [子会社] | | | |
| 利益剰余金 – 期首 | 1,000 | ＡＯＣＩ－年金 | 905 |
| 繰延税金費用(注7) | 24 | 利益剰余金 – 増減 | 41 |
| | | 売上原価(注5) | 52 |
| | | 一般管理費(注6) | 26 |
| 合　　　　　計 | 1,024 | 合　　　　　計 | 1,024 |

（注1）　486百万円（2,726百万円（日本基準）－2,240百万円（IFRS））×2/3
（注2）　486百万円（2,726百万円（日本基準）－2,240百万円（IFRS））×1/3
（注3）　486百万円×30%
（注4）　560百万円（IFRSの「再測定」の金額）×（1－30%）
（注5）　78百万円（636百万円（日本基準）－558百万円（IFRS））×2/3
（注6）　78百万円（636百万円（日本基準）－558百万円（IFRS））×1/3
（注7）　78百万円（636百万円（日本基準）－558百万円（IFRS））×30%

■変動表

（単位：百万円）

| | 4/1/20 | 変動 | | 3/31/21 |
|---|---|---|---|---|
| | | 損益 | 利益剰余金 | |
| ＡＯＣＩ－親会社 | (7,700) | 340 | (392) | (7,752) |
| ＡＯＣＩ－子会社 | (1,000) | 54 | 41 | (905) |
| 税効果（30%） | 0 | | | 0 |
| 純額 | (8,700) | 394 | (351) | (8,657) |

# 13 繰延税金資産

## (1)　IFRS と日本基準との差異

　繰延税金に関する IFRS（IAS 第12号）と日本基準との主要な差異は，以下のとおりです。

| 項　目 | IFRS | 日本基準 |
|---|---|---|
| 繰延税金資産の認識 | スケジューリング以外の要素も考慮。<br>会社の例示区分なし。 | スケジューリング重視の検討。<br>会社の例示区分あり。 |
| 繰延税金資産の評価性引当金 | 計上する。 | 回収可能性の検討の段階で繰延税金資産の金額から控除。 |
| 未実現利益消去の税率 | 例外規定はなく，買手の税率。 | 例外的に繰延法（売手の税率）。 |

## (2)　日本基準の補足的な情報

　繰延税金資産の回収可能性は，会計上，最も重要な問題です。日本基準では，繰延税金資産の回収可能性については，監査委員会報告第66号「繰延税金資産の回収可能性の判断に関する監査上の取扱い」が規定していましたが，日本の基準設定主体である ASBJ は「企業会計基準適用指針第26号」を2015年12月に公表しました。この適用指針の枠組みは，監査委員会報告第66号を引き継いでおり，その特徴も継続して有しています。適用指針は，2016年 4 月 1 日以降開始年度から適用されています。主な内容は以下のとおりです。

110

- 期末における将来減算一時差異，および将来減算一時差異の将来見込年度のスケジューリングを実施する。
- スケジューリング不能（将来減算一時差異の実現または解消の期間が特定できない）の概念（スケジューリング不能の場合には繰延税金資産を計上できない）がある。
- 会社区分を設定している。

図表５−５が「企業会計基準適用指針第26号」の概要です。

**図表5−5 会社分類と適用指針**

| 分類 | 適用指針 |
|---|---|
| 分類1 | 過去（3年）および当期のすべての事業年度において，期末における将来減算一時差異を十分に上回る課税所得が生じている（繰延税金資産全額が回収可能）。 |
| 分類2(注1) | 過去（3年）および当期のすべての事業年度において，臨時的な原因により生じたものを除いた課税所得が，期末における将来減算一時差異を下回るものの，安定的に生じている（スケジューリングの範囲で繰延税金資産は回収可能）。 |
| 分類3(注2) | 過去（3年）および当期において，臨時的な原因により生じたものを除いた課税所得が大きく増減している（将来の合理的な見積可能期間（おおむね5年）以内のスケジューリング額）。 |
| 分類4(注3) | 今まで欠損金が生じたことはあるが，翌期において一時差異等加減算前課税所得が生じることが見込まれる（翌期のスケジューリング額）。 |
| 分類5 | 過去（3年）および当期のすべての事業年度において，重要な税務上の欠損金が生じている（繰延税金資産の回収可能性なし）。 |

(注1) 原則として，スケジューリング不能な将来減算一時差異に係る繰延税金資産について，回収可能性がないものとする。ただし，将来のいずれかの時点で回収できることを企業が合理的な根拠をもって説明する場合，当該スケジューリング不能な将来減算一時差異に係る繰延税金資産は回収可能性があるものとする。
(注2) 5年を超える見積可能期間においてスケジューリングされた一時差異等に係る繰延税金資産が回収可能であることを企業が合理的な根拠をもって説明する場合，当該繰延税金資産は回収可能性があるものとする。
(注3) 企業が合理的な根拠をもって説明するときは分類2または分類3に該当するものとして扱うことができる。

## (3)　IFRS 組替仕訳のための情報

■組替株式会社は，日本基準では分類 2 となりますが，「企業会計基準適用指針第26号」により，以前は認められなかったスケジューリング不能な将来減算一時差異についての繰延税金資産の計上が認められました。また，繰越欠損金を有する子会社もないため，IFRS の適用にあたり繰延税金資産の回収可能性に関して IFRS 組替仕訳は必要ありません。

■繰越欠損金を有する子会社はありますが，繰越欠損金に関する繰延税金資産は計上していません。

■未実現利益消去に使用する税率については，IFRS は「買手の税率」，日本基準は「売手の税率」であり，両者には差異があります。

■親会社は製品を米国の子会社に販売しており，関連する情報は以下のとおりです。

| 消去される米国子会社の棚卸資産の未実現利益の金額（単位：百万円） | | 実効税率（3/31/20 と 3/31/21 のいずれも） | |
|---|---|---|---|
| 3/31/20 | 3/31/21 | 日本（親会社） | 米国（子会社） |
| 400 | 500 | 30% | 39% |

■日本基準の未実現利益消去仕訳（2021年 3 月31日）

（単位：百万円）

| （借　方） | | （貸　方） | |
|---|---|---|---|
| 売　上　原　価<br>（500−400） | 100 | 棚卸資産（子会社） | 500 |
| 繰　延　税　金　資　産<br>（500×30%） | 150 | 繰　延　税　金　費　用 | 30 |
| 利益剰余金−期首<br>（400×（1−30%）） | 280 | | |
| 合　　　　　計 | 630 | 合　　　　　計 | 630 |

112

■日本基準の内部取引の消去に関する税効果の仕訳は以下のとおりです。

[2020年3月31日（前年度末の繰延税金の仕訳の戻しは考慮していません）]

（単位：百万円）

|（借　方）| |（貸　方）| |
|---|---|---|---|
| 繰延税金資産 | 156 | 繰延税金費用 | 156 |

[2021年3月31日]

（単位：百万円）

|（借　方）| |（貸　方）| |
|---|---|---|---|
| 繰延税金資産 | 39 | 繰延税金費用 | 39 |

### 実務のポイント

　「企業会計基準適用指針第26号」の発行により，以前よりはスケジューリング不能項目の繰延税金資産の計上などについて柔軟性が高まりましたが，スケジューリングが必要とされるという前提は変わっていません。一方，IFRS はスケジューリングを必要なものとしてはいません。繰越欠損金を有する会社の繰延税金資産の計上に関しては，日本基準で認められても IFRS では認められないことがあるので，注意が必要です。

　本項で取り上げた，内部未実現利益消去仕訳の税効果で使用する税率の問題は，実効税率が異なるグループ内の会社間の取引がある場合には必ず発生します。

## (4)　IFRS 組替仕訳と変動表

■ IFRS 組替仕訳（2021年3月31日終了年度の繰越仕訳）（2020年4月1日の IFRS 組替仕訳）

（単位：百万円）

|（借　方）| |（貸　方）| |
|---|---|---|---|
| 繰延税金資産－非流動<br>（400×（39%－30%）） | 36 | 利益剰余金－期首 | 36 |

■ IFRS 組替仕訳（2021年 3 月31日）

（単位：百万円）

| （借　方） | | （貸　方） | |
|---|---|---|---|
| 繰延税金資産 – 非流動<br>（500×（39% – 30%）） | 45 | 利益剰余金 – 期首 | 36 |
| | | 繰 延 税 金 費 用 | 9 |

■変動表

（単位：百万円）

| | 4/1/20 | 変動 | 3/31/21 |
|---|---|---|---|
| 繰延税金資産（日本基準） | 156 | 39 | 195 |
| 繰延税金資産（IFRS） | (120) | (30) | (150) |
| 繰延税金資産 | 36 | 9 | 45 |

# 14 費用−ストック・オプション

## (1) IFRS と日本基準との差異

ストック・オプションに関する IFRS（IFRS 第 2 号）と日本基準との主要な差異は，以下のとおりです。

| 項　目 | IFRS | 日本基準 |
|---|---|---|
| 対象 | 持分決済型取引と現金決済型取引（IFRS2.2）。 | 持分決済型取引のみ規定。 |
| 費用の相手勘定の表示場所 | 資本の部（通常は，資本剰余金）（IFRS2.7）。 | 付与時から権利行使時まではオプションを「新株予約権」として純資産の部に表示。 |
| 権利確定後の非権利行使 | 利益への修正なし。ただし，資本の部の他の勘定（通常は，利益剰余金）に振替は可能。 | 権利行使されなかった部分については，利益として認識。 |

## (2) IFRS 組替仕訳のための情報

■組替株式会社は，役員と一部の従業員を対象とするストック・オプション制度を有しています。

■ストック・オプションの認識と測定に関して，IFRS と日本基準との差異は生じません。ただし，組替株式会社は，過去に 2 回，ストック・オプションを付与していますが，第 1 回のストック・オプションの付与については，IFRS 初度適用の免除規定を使用して，IFRS の会計処理はしていません。第 2 回のストック・オプションの一部が権利行使されなかったので，当該部

分については，IFRSと日本基準の間に差異が生じます。IFRS適用にあたり，組替株式会社は，<u>権利行使されなかった部分を利益剰余金に振り替えます。</u>

■権利行使されなかった部分についての情報は以下のとおりです。

(a) 第2回の制度では，2015年7月1日の付与日以降3年間継続して勤務した者がその行使の権利を獲得し，その後2年間行使できます（行使期限は2020年6月30日）。

(b) オプション価格算定モデルで算定したストック・オプション1個の公正価値は@1,000です。

(c) 2020年6月30日時点で権利行使されなかったストック・オプションは50,000個でした。

■日本基準の2020年6月30日の仕訳は以下のとおりです。

（単位：百万円）

| （借　方） | | （貸　方） | |
|---|---|---|---|
| 新 株 予 約 権<br>（50,000個×1,000円） | 50 | 特 別 利 益 | 50 |

### 実務のポイント

　まず，IFRSの対象となるストック・オプション制度を把握します。IFRS移行日以前に権利が確定したストック・オプションに関しては，ストック・オプションを規定するIFRS第2号の適用は奨励されますが，適用しなくてもよいことになっています。

　費用計上方法については，IFRSと日本基準の間には重要な差異はありませんが，日本基準で使用する「新株予約権」の科目はIFRSで使用されず，「資本剰余金」への振替が必要です。また，上記のような日本基準での権利非行使による戻し益が計上されているかをチェックしましょう。

## (3) IFRS 組替仕訳と変動表

■ IFRS 組替仕訳（2021年3月31日終了年度の繰越仕訳）（2020年4月1日の
IFRS 組替仕訳）

（単位：百万円）

| （借　方） | | （貸　方） | |
|---|---|---|---|
| 新 株 予 約 権 | 50 | 資 本 剰 余 金 | 50 |

■ IFRS 組替仕訳（2021年3月31日）

（単位：百万円）

| （借　方） | | （貸　方） | |
|---|---|---|---|
| 特 別 利 益 | 50 | 利 益 剰 余 金 －<br>そ の 他 の 増 減 | 50 |

■変動表

（単位：百万円）

| | 4/1/20 | 変動 損益 | 利益剰余金 | 3/31/21 |
|---|---|---|---|---|
| 新株予約権 | 50 | (50) | | 0 |
| 資本剰余金 | (50) | | 50 | 0 |
| 税効果（30%） | 0 | 0 | | 0 |
| 純額 | 0 | (50) | 50 | 0 |

# 15 費用－利息の資産化

## (1) IFRS と日本基準との差異

利息の資産化に関する IFRS（IAS 第23号）と日本基準との主要な差異は，以下のとおりです。

| 項　　目 | IFRS | 日本基準 |
|---|---|---|
| 利息の資産化 | 利息を資産化しなければならない（IAS23.8）。ただし，当然，重要性のない場合は除く。 | 自家建設に係る借入利息については資産化できるが，実務的にはほとんど行われていない。 |

## (2) IFRS の補足的な説明

意図した使用または販売が可能になるまでに相当の期間（通常，１年以上）を必要とする資産（適格資産）の取得，建設，または製造に直接帰属する借入費用（資産化適格借入費用）は，その資産が実質的に意図した使用（または販売）が可能となるまで，それらの資産の取得原価に含まれます。

適格資産の建設等のための資金は，建設の目的で資金を借り入れる場合（紐付き借入金）と，一般目的で借り入れた資金が適格資産を取得する目的で用いられる場合があります。一般目的で借り入れた資金の場合，資産化のための利率の計算が必要となり，それは「資産化率（capitalization rate)」と呼ばれます。資産化率は，当年度中の借入残高（紐付き借入金を除く）に対応する借入費用の加重平均率です（IAS23.14）。具体的な資産化額は以下で計算されます。

資産化適格借入費用額＝「当該資産に係る支出」×「資産化率（または紐付き

118

借入金の利率）」


## (3) IFRS 組替仕訳のための情報

■ IFRS 移行日から IAS23号を適用するという IFRS 初度適用企業の免除規定
を選択しています。

■組替株式会社は予想総額10,000百万円の工場の建設を2020年4月1日から開
始しました（工期は約1年半）。

■建設の資金は，返済予定であった借入金を返済せずに充当することになり，
紐付き借入金はありません。

■当該工事に関する情報は以下のとおりです。

（単位：百万円）

| 年　月 | 建設仮勘定残高(1) | うち未払計上(2) | (1)－(2) |
|---|---|---|---|
| 2020年4月末 | 900 | 900 | 0 |
| 2020年5月末 | 1,200 | 1,000 | 200 |
| 2020年6月末 | 1,500 | 1,100 | 400 |
| 2020年7月末 | 2,000 | 1,400 | 600 |
| 2020年8月末 | 2,500 | 1,600 | 900 |
| 2020年9月末 | 3,900 | 2,200 | 1,700 |
| 2020年10月末 | 4,000 | 2,200 | 1,800 |
| 2020年11月末 | 4,000 | 2,100 | 1,900 |
| 2020年12月末 | 5,500 | 3,100 | 2,400 |
| 2021年1月末 | 7,000 | 3,300 | 3,700 |
| 2021年2月末 | 7,700 | 3,500 | 4,200 |
| 2021年3月末 | 7,800 | 2,800 | 5,000 |
| 平均残高 | 4,000 | 2,100 | 1,900 |

　資産化適格借入費用は，「当該資産に係る支出（現金支出）」を基礎に計算さ

れるので，建設仮勘定の計上額のうち現金支出額のみになります。

■2021年 3 月31日に終了する年度の借入金利息÷2021年 3 月31日に終了する
年度の平均借入金残高で計算した資産化率は 2 ％でした。

**実務のポイント**　……………………………………………………………………………………

　IFRS の初度適用にあたっては，IFRS 移行日とそれより前の日のいずれかから利
息の資産化をすることができます。

　資産計上額は，「当該資産に係る支出」×「資産化率（または紐付き借入金の利率）」
で計算されますが，「当該資産に係る（現金）支出」のうち，新たな自己建設に係る
支出は「建設仮勘定」に積み上げられることが多いようです。ただし，「建設仮勘定」
には，「未払金」を相手勘定とする金額が含まれるため，その金額を除く必要があり
ます。

…………………………………………………………………………………………………………


## (4)　IFRS 組替仕訳と変動表

■ IFRS 組替仕訳（2021年 3 月31日終了年度の繰越仕訳）（2020年 4 月 1 日の
IFRS 組替仕訳）

> 該当なし

■ IFRS 組替仕訳（2021年 3 月31日）

（単位：百万円）

| （借　方） | | （貸　方） | |
|---|---|---|---|
| 建 設 仮 勘 定 | 38 | 支 払 利 息<br>（1,900× 2 ％） | 38 |
| 繰 延 税 金 費 用<br>（38×30％） | 11 | 繰延税金資産－非流動 | 11 |
| 合　　　　　計 | 49 | 合　　　　　計 | 49 |

120

■変動表

|  | 4/1/20 | 変動 | 3/31/21 |
|---|---|---|---|
| 建設仮勘定 | 0 | 38 | 38 |
| 税効果（30%） | 0 | (11) | (11) |
| 純額 | 0 | 27 | 27 |

# 16 非継続事業

## (1)　IFRS と日本基準との差異

　非継続事業に関する IFRS（IFRS 第 5 号）と日本基準との主要な差異は，
以下のとおりです。

| 項　目 | IFRS | 日本基準 |
|---|---|---|
| 非継続事業 | 非継続事業の損益は単一の金額で包括利益計算書に表示される（IFRS5.30）。 | 非継続事業の概念はない。 |

## (2)　IFRS の補足的な説明

　最近の大企業は，企業の一部（子会社を含む）の売買を頻繁に行っています。
会計上では，取得企業においては「企業結合」の会計処理が問題となり，売却
企業では「非継続事業」が問題となります。企業の一部を売却した場合には，
将来において当該部分からの売上等の損益は発生しなくなり，調整なしには過
去の年度と将来の年度の損益項目の比較ができません。そのため，非継続事業
に関しては，関連する売上，売上原価等の損益科目を抜き出し，純額で「非継
続事業からの損益」として表示します。

　非継続事業とは，以下のいずれかです（IFRS5.32）。

　(a)　すでに処分された「企業の構成部分」

　(b)　売却目的保有（ **4** 参照）に分類されている「企業の構成部分」

　「企業の構成部分」は，営業上および財務報告目的上，企業の残余の部分か
ら明確に区別することができる事業とキャッシュ・フローから構成されます

（IFRS5.31）。

　非継続事業の損益を単一の金額として表示する目的は，年度間の比較可能性の確保にあります。当該表示は，非継続事業の損益は非継続事業の処分後は発生しないので，残余の部分（継続事業）の比較を可能にします。この表示方法により，財務諸表に表示されている過去の年度についても修正表示しなければなりません（IFRS5.34）。また，非継続事業に関する非流動資産・負債を他の資産と区分して流動資産・負債として表示します（売却目的保有資産と同様に）。

　また，これから処分される非継続事業は，売却目的保有資産に該当するので，**4** に示したように，「帳簿価額」と「売却費用控除後の公正価値」のいずれか低い金額で測定されます。

## (3)　IFRS 組替仕訳のための情報

■組替株式会社は，2021年3月31日終了年度に，不採算事業であるB事業の売却を決定し，B事業は非継続事業として認識しました。

■実際の事業売却は，2022年3月31日終了年度中に行う予定です。

■2021年3月31日終了年度のB事業の損益は以下のとおりです。

（単位：百万円）

|  | B 事業 |
|---|---|
| 売上高 | 3,000 |
| 売上原価 | (2,800) |
| 一般管理費 | (400) |
| 税引前利益 | (200) |
| 税金費用 | 20 |
| 当期利益 | (180) |

■2021年3月31日のB事業に関する非流動資産（関連する非流動負債はなし）は以下のとおりです。

（単位：百万円）

| 勘　定 | 金額 |
|---|---|
| 土地 | 100 |
| 建物 | 50 |
| 工具，器具，備品 | 30 |
| 減価償却累計額 | （15） |
| その他の投資 | 10 |
| その他の無形資産 | 20 |
| 繰延税金資産－非流動 | 30 |
| 合計 | 225 |

■組替株式会社が計算したB事業に関する資産の「売却費用控除後の公正価値」
は帳簿価額の225百万円を超えていたため，減損処理の必要はありません。

### 実務のポイント

　売却目的保有資産と非継続事業の区別が重要です。売却目的保有資産と非継続事
業の関係を示すと，以下のようになります。売却保有目的の一部が非継続事業となり，
廃止された「企業の構成部分」も非継続事業になります。非継続事業は，廃止され
ていない場合には，必ず売却目的保有資産となります。

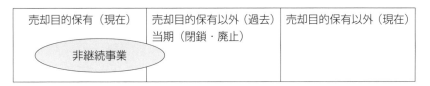

　また，非継続事業のキャッシュ・フローについては，営業活動，投資活動，財務
活動の3つの分類のキャッシュ・フローを開示（本体または注記で）しなければな
らないことに注意が必要です。

124

## ⑷ IFRS 組替仕訳と変動表

■ IFRS 組替仕訳（2021年3月31日終了年度の繰越仕訳）（2020年4月1日の
 IFRS 組替仕訳）

財政状態計算書での流動資産としての表示は遡及して要求されず，また2020
年3月31日終了年度の包括利益計算書は IFRS 初度適用の財務諸表には含ま
れないため，該当なし。

■ IFRS 組替仕訳（2021年3月31日）

（単位：百万円）

| （借　方） | | （貸　方） | |
|---|---|---|---|
| 売　上　高 | 3,000 | 売　上　原　価 | 2,800 |
| 当 期 税 金 費 用 | 20 | 一 般 管 理 費 | 400 |
| 非継続事業からの損失 | 180 | 土　　　　地 | 100 |
| 減 価 償 却 累 計 額 | 15 | 建　　　　物 | 50 |
| 非継続事業の非流動資産 | 225 | 工具，器具，備品 | 30 |
| | | その他の投資 | 10 |
| | | その他の無形資産 | 20 |
| | | 繰延税金資産－非流動 | 30 |
| 合　　　　計 | 3,440 | 合　　　　計 | 3,440 |

■変動表

当期利益に影響しないので作成しません。

# 17 企業結合－子会社の取得（非支配持分ののれんの計上）

## (1)　IFRSと日本基準との差異

　企業結合に関するIFRS（IFRS第3号）と日本基準との主要な差異は，以下のとおりです。

| 項　目 | IFRS | 日本基準 |
|---|---|---|
| 事業の定義 | 詳細。<br>所有者，メンバー，参加者へ直接的に配当，低い原価，またはその他の経済的な便益の形式でリターンを提供する目的のために，指揮，管理する能力のある「活動と資産の重要な組み合わせ」。 | 簡単。<br>企業活動を行うために組織化され，有機的一体として機能する経営資源。 |
| のれんの定義 | ①公正価値で測定される引き渡した対価＋②被取得企業の非支配持分<sup>(注)</sup>の公正価値＋③段階取得における持分投資の取得日の公正価値－④原則として取得日の公正価値で測定される取得資産と引受負債の取得日の純額＝のれん。 | ①　取得原価は，取得の対価となる財の時価にて測定。<br>②　①を取得した識別可能資産・負債・偶発負債に対し，公正価値を基に配分。<br>③　①の残額をのれんとして認識する。 |
| 偶発負債の特例 | IAS第37号では偶発負債の計上を認めていないが，企業結合では一定の条件で認める。 | 規定はない。 |
| のれん | 「親会社と非支配持分の双方ののれんを計上する方法」と「親会社ののれんのみを計上する方法」の選択。 | 「親会社ののれんのみを計上する方法」。 |

| | | |
|---|---|---|
| 非支配持分に関するのれん | 計上することができる。 | 計上しない。 |
| のれん | 非償却。最低限年1回減損テストを実施。 | 資産に計上し，20年以内に規則的に償却。必要に応じて減損。 |
| 条件付対価 | 公正価値評価し，引き渡した対価の一部として認識。 | 「将来の業績に依存する条件付取得対価」は，対価の交付が確実で，時価が合理的に決定可能となった時（要件を満たした時）に，のれんを追加計上。 |
| 繰延税金資産の回収可能性の修正 | 原則はのれんの修正。状況により，損益計上または資本の部に計上。 | のれんの修正。 |

（注）　IFRSでは「非支配持分」，日本基準では「非支配株主持分」の用語を使用していますが，これらは同じ意味であるため，本書では「非支配持分」で統一します。

## (2)　IFRSの補足的な説明

　IFRS第1号の免除規定の1つとして，企業結合を規定しているIFRS第3号をIFRS移行日より前の過去の企業結合すべてについて遡及適用しないことができます。また，企業の選択した一定の日以降発生した企業結合にIFRS第3号を遡及適用することもできます。免除規定を選択した場合には，IFRS移行日現在で，のれんの減損テストの実施が要求されます。また，IFRS移行日以前ののれんの償却は戻せません。

### 実務のポイント

　企業結合を規定しているIFRS第3号には，IFRS第1号の免除規定が適用されます。ただし，IFRS第3号をIFRS移行日以前の企業結合のすべてに適用しない選択とIFRS移行日前のある一定の日以後に発生した企業結合に適用する選択のいずれかの選択ができます。
　IFRS第3号を遡及適用しなかった企業結合に関連するのれんについては，IFRS移行日現在で減損テストを実施することが要求されています。

## (3)　IFRS 組替仕訳のための情報

### (a)　会計方針等

■組替株式会社は過去にいくつかの企業結合を行ってきました。そのうち，最新の企業結合は2018年 4 月 1 日に実施したものです。そのため，IFRS第 3 号を2018年 4 月 1 日以降発生した企業結合に遡及適用することにしました（2018年 4 月 1 日以降発生した企業結合は甲社の取得のみ）。

■2018年 1 月 1 日現在の日本基準では企業結合のために発生した費用は取得企業の取得原価に含めることになっていました。IFRS では，それらの費用は全額費用として計上されます。

■日本基準での被取得企業（甲社）の公正価値の測定金額に関して，IFRS と日本基準に差異はありませんでした。

■IFRS では，「親会社ののれんと非支配持分の双方ののれんを計上する方法」を会計方針として採用しました。

### (b)　企業結合の取得日の情報

■2018年 4 月 1 日に実施した企業結合の対象会社は甲社で，甲社の株式の70％を2,000百万円で取得しました。日本基準では，のれんは2018年 4 月 1 日から10年で定額償却します。

■取得日の被取得企業の資産・負債の帳簿価額，公正価値，税務ベースの金額，企業結合の結果発生した一時差異（繰越欠損金を含む）は以下のとおりです。

（単位：百万円）

| 科目 | 帳簿価額 | 公正価値<br>(A) | 税務ベース<br>(B) | 一時差異<br>(A)－(B) |
|---|---|---|---|---|
| 現預金 | 200 | 200 | 200 | 0 |
| 有価証券 | 500 | 500 | 400 | 100 |
| 売掛金 | 1,000 | 1,000 | 1,000 | 0 |
| 棚卸資産 | 1,500 | 1,800 | 1,700 | 100 |
| 固定資産 | 2,000 | 2,200 | 2,800 | (600) |
| 無形固定資産 | 200 | 0 | 200 | (200) |
| 顧客リスト | | 300 | | 300 |
| 商標権 | | 200 | | 200 |
| 繰延税金資産 | 400 | 400 | | |
| 資産合計 | 5,800 | 6,600 | 6,300 | (100) |
| 短期借入金 | (3,000) | (3,000) | (3,000) | 0 |
| 買掛金 | (1,500) | (1,500) | (1,500) | 0 |
| 資本金 | (1,000) | | | |
| 利益剰余金 | (200) | | | |
| その他の包括利益累計額 | (100) | | | |
| 負債・資本合計 | (5,800) | (4,500) | | |
| 繰越欠損金 | | | 200 | (200) |
| 合計 | | 2,100 | | (300) |

## (c) 日本基準の仕訳

［2018年4月1日の日本基準の仕訳］　　　　　　　　　　　（単位：百万円）

| （借　方） | | （貸　方） | |
|---|---|---|---|
| 現　預　金 | 200 | 短 期 借 入 金 | 3,000 |
| 有 価 証 券 | 500 | 買　　掛　　金 | 1,500 |
| 売　掛　金 | 1,000 | 現　　　　金 | 2,000 |
| 棚 卸 資 産 | 1,800 | 非 支 配 持 分 | 657 |
| 固 定 資 産 | 2,200 | 取 得 費 用 | 100 |
| 無 形 固 定 資 産<br>（300＋200） | 500 | | |
| 繰延税金資産－非流動<br>（400＋90） | 490 | | |
| の　　れ　　ん | 567 | | |
| | 7,257 | | 7,257 |

## ⒟　のれん

■日本基準ののれんの計算は以下のとおりです。

（単位：百万円）

| 科目 | 公正価値 | 一時差異 |
|---|---|---|
| 合計（上記の (A)） | 2,100 | (300) |
| 追加繰延税金資産 | 90 | 300×30％ |
| 識別可能純資産 (C) | 2,190 | |
| 非支配持分 (C)×30％ | 657 | |
| 親会社持分 (C)×70％(1) | 1,533 | |
| 対価(2) | 2,000 | |
| 取得費用(3) | 100 | |
| 親会社ののれん（(2)+(3)−(1)） | 567 | |

■日本基準の甲社ののれんの償却は以下のとおりです。

（単位：百万円）

| | のれん |
|---|---|
| 2018年 4 月 1 日　計上 | 567 |
| 償却 | (57) |
| 2019年 3 月31日 | 510 |
| 償却 | (57) |
| 2020年 3 月31日 | 453 |
| 償却 | (57) |
| 2021年 3 月31日 | 396 |

■日本基準の2021年3月31日終了年度の仕訳は，以下のとおりです。

（単位：百万円）

| （借　方） | | （貸　方） | |
|---|---|---|---|
| のれん償却費 | 57 | の　れ　ん | 57 |

■ IFRS ののれんの計算は以下のとおりです。

（単位：百万円）

| | 金額 |
|---|---|
| 識別可能純資産(1) | 2,190 |
| 非支配持分の公正価値(2)$^{（注1）}$ | 810 |
| 対価(3) | 2,000 |
| のれん（(2)＋(3)－(1)）$^{（注2）}$ | 620 |

（注1）　組替株式会社は70％を2,000百万円で取得しましたが，この2,000百万円にはコントロール・プレミアムが110百万円含まれているため，非支配持分の公正価値は810百万円（810百万円＝2,000百万円－110百万円）÷70％×30％）。

（注2）　このれんは，組替株式会社分467百万円（日本基準の金額－取得費用100百万円）と非支配持分153百万円（153百万円＝810百万円－2,190百万円×30％）から構成されます。

■ IFRS と日本基準ののれんの金額の差異は以下のとおりです。

（単位：百万円）

| | IFRS | 日本基準 | 差異 |
|---|---|---|---|
| 2018年4月1日　計上 | 620 | 567 | 53 |
| 償却 | | (57) | 57 |
| 2019年3月31日 | 620 | 510 | 110 |
| 償却 | | (57) | 57 |
| 2020年3月31日 | 620 | 453 | 167 |
| 償却 | | (57) | 57 |
| 2021年3月31日 | 620 | 396 | 224 |

## (4)　IFRS 組替仕訳と変動表

■ IFRS 組替仕訳（2021年 3 月31日終了年度の繰越仕訳）（2020年 4 月 1 日の
IFRS 組替仕訳）

（単位：百万円）

| （借　方） | | （貸　方） | |
|---|---|---|---|
| の　れ　ん | 167 | 非 支 配 持 分 | 153 |
| 繰延税金資産−非流動 | 30 | 利益剰余金−期首 | 44 |
| 合　　　　計 | 197 | 合　　　　計 | 197 |

■ IFRS 組替仕訳（2021年 3 月31日）

（単位：百万円）

| （借　方） | | （貸　方） | |
|---|---|---|---|
| の　れ　ん | 224 | 非 支 配 持 分 | 153 |
| 繰延税金資産−非流動 | 30 | の れ ん 償 却 費 | 57 |
| | | 利益剰余金−期首 | 44 |
| 合　　　　計 | 254 | 合　　　　計 | 254 |

■変動表

（単位：百万円）

| | 4/1/20 | 変動 | 3/31/21 |
|---|---|---|---|
| のれん−非支配持分 | 153 | | 153 |
| のれん−償却 | 114 | 57 | 171 |
| のれん−取得費用 | (100) | | (100) |
| のれん小計 | 167 | 57 | 224 |
| 非支配持分 | (153) | | (153) |
| 税効果（30%）−取得費用 | 30 | | 30 |
| 純額 | 44 | 57 | 101 |

# 18 企業結合－のれんの償却

## (1) IFRS と日本基準との差異

のれんの償却に関する IFRS（IFRS 第 3 号）と日本基準との主要な差異は，以下のとおりです。

| 項　目 | IFRS | 日本基準 |
|---|---|---|
| のれん | 非償却。最低限年 1 回減損テストを実施。 | 資産に計上し，20年以内に規則的に償却。必要に応じて減損。 |

## (2) IFRS 組替仕訳のための情報

■組替株式会社は，日本基準では，のれんを10年で定額償却しています。
■過去にのれんの減損はありませんでした。
■日本基準ののれんの明細は以下のとおりです。

（単位：百万円）

| | 甲社 | E 社 | F 社 | 合計 |
|---|---|---|---|---|
| 2020年 3 月31日<br>償却 | 453<br>(57) | 3,000<br>(1,000) | 4,000<br>(800) | 7,453<br>(1,857) |
| 2021年 3 月31日 | 396 | 2,000 | 3,200 | 5,596 |

■日本基準の2021年 3 月31日終了年度の E 社と F 社ののれんの償却に関する仕訳は，以下のとおりです。

（単位：百万円）

| （借　方） | | （貸　方） | |
|---|---|---|---|
| のれん償却費 | 1,800 | の れ ん | 1,800 |

■ IFRS では，甲社以外の子会社ののれんについては初度適用の免除規定を使用し，IFRS 移行日以前の償却は修正されず，IFRS 移行日以後は償却されません。

■ のれんに関して税効果は認識されません。

■ 甲社ののれんについては，**17** の IFRS 組替仕訳に含まれているので，ここでは E 社と F 社ののれんの償却の戻しを行います。

### 実務のポイント

　IFRS では，のれんは償却されません。ただし，毎期 1 回と減損の兆候がある場合には，減損テストの実施が要求されます。減損の兆候の有無にかかわらず，毎年減損テストを実施することは費用と時間がかかることになります。

　のれんの償却・非償却のメリット・デメリットは以下のとおりです。

| メリット・デメリット | 償却（日本基準） | 非償却（IFRS） |
|---|---|---|
| メリット | のれんの減損損失計上のリスクが，償却により徐々に減少する。 | • のれんの耐用年数を決定しなくてよい。<br>• 日本基準に比べ，利益が大きくなる。 |
| デメリット | • IFRS に比べ，利益が少なくなる。<br>• のれんの耐用年数の合理的な説明が求められる。 | • 毎期，減損テストが要求され，費用がかかる。<br>• 減損損失が計上される場合，償却する場合に比べ多額となる。 |

134

## (3) IFRS 組替仕訳と変動表

■ IFRS 組替仕訳（2021年3月31日終了年度の繰越仕訳）（2020年4月1日の
IFRS 組替仕訳）

IFRS 移行日以前ののれんの償却の戻入れはされないので，仕訳はなし。

■ IFRS 組替仕訳（2021年3月31日）

（単位：百万円）

| （借　方） | | | | （貸　方） | |
|---|---|---|---|---|---|
| の　　れ　　ん | | | 1,800 | の れ ん 償 却 費 | 1,800 |

■変動表

（単位：百万円）

| | 4/1/20 | 変動 | 3/31/21 |
|---|---|---|---|
| のれん | 0 | 1,800 | 1,800 |
| 税効果（30%） | 0 | 0 | 0 |
| 純額 | 0 | 1,800 | 1,800 |

# 19 連結－支配の喪失・重要な影響の喪失

## (1) IFRS と日本基準との差異

連結の範囲（第4章参照）を除く企業結合に関するIFRS（IFRS第10号，IAS第28号）と日本基準との主要な差異は，以下のとおりです。

| 項　目 | IFRS | 日本基準 |
|---|---|---|
| 子会社への支配の喪失，持分法投資先への重要な影響の喪失 | 支配（または重要な影響）の喪失日に，残余の投資は，公正価値で認識（IFRS10.25, IAS 28.32）。 | 支配を喪失し，関連会社となる場合には持分法による投資評価額で，関連会社にも該当しなくなった場合には個別貸借対照表上の帳簿価額で評価。 |

## (2) IFRS の補足的な説明

重要な影響を喪失した後も以前の関連会社への投資を保有する場合は，その投資を公正価値で測定しなければなりません。以下の差額を損益として認識します（IAS28.18）。

(a) 残余の投資の公正価値と関連会社の処分による手取り金の合計

(b) 重要な影響を有しなくなった日の帳簿価額

### 実務のポイント

IFRS では，「支配」や「重要な影響力」の存在を重要視しています。そのため，株式の売却により「支配」や「重要な影響力」を喪失したが，一部の株式を保有している場合には，以前に保有していた子会社株式または持分法適用株式の一部の売

却ではなく，すべてを売却し，新たにその時点の公正価値で株式を購入したと考え
ます。そのため，保有株式の公正価値評価が必要です。

........................................................................................................................

## (3)　IFRS 組替仕訳のための情報

■組替株式会社は米国のG社の株式の30％（30株）を所有し，持分法を適用
　していました。
■2019年9月30日に，G社の株式の20％（20株）を240百万円で国内の会社に
　売却しました。
■2019年10月1日から2021年3月31日まではG社の株式の購入・売却はあり
　ませんでした。
■当初の投資額は150百万円です。
■日本基準の2019年9月30日の持分法適用後の投資額は以下のとおりです。

（単位：百万円）

| 内　　容 | 金額 |
|---|---|
| 初期投資額（30％，のれんはゼロ） | 150 |
| 持分法投資損益累計（30％分） | 60 |
| その他の包括利益累計額（為替換算調整勘定）（30％分） | (20) |
| 合計 | 190 |

■G社の未分配利益（その他の包括利益累計額を含む）について税効果を認
　識します。
■日本基準の2019年9月30日の売却直前の連結での持分法の仕訳(A)

（単位：百万円）

| （借　方） | | （貸　方） | |
|---|---|---|---|
| 持 分 法 投 資 | 40 | 利益剰余金 – 期首 | 42 |
| AOCI(20×(1−30％)) | 14 | 繰延税金資産 – 非流動 | 12 |
| 合　　　　計 | 54 | 合　　　　計 | 54 |

■日本基準の親会社の売却の仕訳は以下のとおりです。

（単位：百万円）

| （借　方） | | （貸　方） | |
|---|---|---|---|
| 現　　　　　金 | 240 | 持 分 法 投 資<br>(20%分)(150×20%/30%) | 100 |
| | | 株 式 売 却 益 | 140 |
| 当期法人税費用 | 42 | 未 払 法 人 税 | 42 |
| （140×30％） | | | |
| 合　　　　　計 | 282 | 合　　　　　計 | 282 |

■日本基準の売却時の連結の仕訳(B)

（単位：百万円）

| （借　方） | | （貸　方） | |
|---|---|---|---|
| 繰延税金資産 - 非流動 | 12 | 繰延税金費用(注1) | 12 |
| 株 式 売 却 益(注2) | 40 | 持 分 法 投 資 | 40 |
| 株 式 売 却 益(注3) | 20 | A O C I(注3) | 14 |
| | | 繰延税金費用(注3) | 6 |
| 合　　　　　計 | 72 | 合　　　　　計 | 72 |

（注1）　会社 G の未分配利益の実現による繰延税金資産の戻し
（注2）　過去の持分法損益の戻し
（注3）　AOCI からのリサイクリング

■日本基準の売却時の連結の仕訳 ((A)＋(B))

（単位：百万円）

| （借　方） | | （貸　方） | |
|---|---|---|---|
| 株 式 売 却 益 | 60 | 利益剰余金 - 期首 | 42 |
| | | 繰 延 税 金 費 用 | 18 |

■日本基準の売却益の計算は以下のとおりです。

（単位：百万円）

| | |
|---|---:|
| 現金受領額 | 240 |
| 保有株式（10%） | 50 |
| 帳簿価額 | (190) |
| リサイクリング（AOCI） | (20) |
| 売却益 | 80 |

■ IFRS の売却益の計算は以下のとおりです。

（単位：百万円）

| | |
|---|---:|
| 現金受領額 | 240 |
| 10%の公正価値[注] | 120 |
| 帳簿価額 | (190) |
| リサイクリング（AOCI） | (20) |
| 売却益 | 150 |

（注） 120百万円＝20%の売却額（240百万円×10%/20%）

■2021年３月31日のG社株式10株（10%）の公正価値は100百万円で，2019年９月30日（20%売却日）から変動はありませんでした。

## (4) IFRS 組替仕訳と変動表

■ IFRS 組替仕訳（2021年３月31日終了年度の繰越仕訳）（2020年４月１日のIFRS 組替仕訳）

（単位：百万円）

| （借　方） | | （貸　方） | |
|---|---:|---|---:|
| 投 資 有 価 証 券 | 70 | 利益剰余金－期首 | 49 |
| | | 繰延税金資産－非流動 | 21 |

■ IFRS 組替仕訳（2021年 3 月31日）

（単位：百万円）

| （借　　方） | | （貸　　方） | |
|---|---|---|---|
| 投 資 有 価 証 券 | 70 | 利益剰余金－期首 | 49 |
| | | 繰延税金資産－非流動 | 21 |

■変動表

（単位：百万円）

| | 4/1/20 | 変動 | 3/31/21 |
|---|---|---|---|
| 投資有価証券 | 70 | 0 | 70 |
| 税効果（30％） | (21) | 0 | (21) |
| 純額 | 49 | 0 | 49 |

# 20 連結－非支配持分の損失負担

## (1) IFRS と日本基準との差異

非支配持分の損失負担に関する IFRS（IFRS 第10号）と日本基準との主要な差異は，以下のとおりです。

| 項　　目 | IFRS | 日本基準 |
|---|---|---|
| 被支配企業の損失の非支配持分への負担 | 損失が，非支配持分の投資を上回る場合であっても，損失は非支配持分が負担する（IFRS10.B94）。 | 株主間の合意により負担が生じる場合を除き，超過した損失は非支配持分には配分せず，親会社に配分する。 |

## (2) IFRS 組替仕訳のための情報

■親会社が60％を保有する子会社 B の2020年 3 月31日と2021年 3 月31日の資産の部は，以下のとおりです。繰越欠損金に関して繰延税金資産は計上していません。

（単位：百万円）

| | 2020年<br>3 月31日 | 2021年<br>3 月31日 |
|---|---|---|
| 資本金<br>繰越欠損金 | 1,000<br>(1,500) | 1,000<br>(1,125) |
| 合計(A) | (500) | (125) |
| (A)×40% | 200 | 50 |

■また，親会社の投資額は700百万円，非支配持分の投資額は300百万円，2021年 3 月31日終了年度の子会社の利益は375百万円でした。

■日本基準の2020年 3 月31日の連結仕訳は以下のとおりです。

（単位：百万円）

|  （借　方） |  |  （貸　方） |  |
|---|---|---|---|
| 資　本　金（B 社） | 1,000 | 投　資（親 会 社） | 700 |
|  |  | 非　支　配　持　分 | 300 |

上記仕訳により，親会社が繰越欠損金に全額を負担します。

日本基準の2021年 3 月31日の連結仕訳は，2020年 3 月31日と同じです。

#### 実務のポイント

　IFRS では，非支配持分を資本の部に計上しており，親会社と非支配持分は株主として同等であるという立場を取っています。したがって，損失の負担においても，親会社と非支配持分に区別はしていません。その結果，非支配持分は自己の投資持分を超える損失を負担します。

## (3)　IFRS 組替仕訳と変動表

■ IFRS 組替仕訳（2021年 3 月31日終了年度の繰越仕訳）（2020年 4 月 1 日の IFRS 組替仕訳）

（単位：百万円）

|  （借　方） |  |  （貸　方） |  |
|---|---|---|---|
| 非　支　配　持　分 | 200 | 利益剰余金 – 期首 | 200 |

■ IFRS 組替仕訳（2021年 3 月31日）

（単位：百万円）

| （借　方） | | （貸　方） | |
|---|---|---|---|
| 非 支 配 持 分 | 50 | 利益剰余金－期首 | 200 |
| 非 支 配 持 分 に<br>帰 属 す る 損 益 | 150 | | |

■変動表

（単位：百万円）

| | 4/1/20 | 変動 | 3/31/21 |
|---|---|---|---|
| 非支配持分 | 200 | (150) | 50 |
| 税効果（30%） | 0 | 0 | 0 |
| 純額 | 200 | (150) | 50 |

# **21** 外貨換算

## (1)　IFRS と日本基準との差異

　外貨換算に関する IFRS（IAS 第21号）と日本基準との主要な差異は，以下のとおりです。

| 項　目 | IFRS | 日本基準 |
|---|---|---|
| 外貨建取引 | 機能通貨（企業が活動する主な経済環境の通貨）以外の通貨の取引。 | 円以外で取引価額が表示される取引と解される。機能通貨の概念はない。 |
| 外貨建売却可能有価証券（その他の有価証券）－債券 | 換算差額を為替差損益として認識する。 | 換算差額を為替差損益として処理できる。 |
| 海外事業の分類 | 報告企業との関連性，機能通貨の選定により実質判断。 | 法的形態により，支店と子会社等に区分。 |
| 海外事業の処分 | 海外事業の「処分」（例えば100％から 0 ％）と一部の処分（子会社の支配の喪失，関連会社に対する重要な影響の喪失となる場合）には，「その他の包括利益累計額（為替換算調整勘定）」の全額をリサイクリング）する（IAS21.48&48A） | 減少した持分割合の比例割合の「その他の包括利益累計額（為替換算調整勘定）」をリサイクリングする。 |
| 海外事業の損益項目の換算に使用する為替相場 | 取引日レート（期中平均レートも認められる）。 | 期中平均レート。決算日レートも可。 |
| 初度適用の免除規定 | 在外子会社等の財務諸表の換算から生じる為替換算差額を，IFRS 移行日現在でゼロとみなすことができる（IFRS1.D13）。 | 該当なし。 |

144

## (2) IFRS の補足的な説明

### (a) 機能通貨アプローチ

　IFRS は「機能通貨アプローチ」と呼ばれる「機能通貨」の定義を基礎にしたアプローチを採用しています。連結グループの各会社がその会社の「機能通貨」をまず決定します。「機能通貨」以外が「外貨」となります。外貨建取引，外貨資産・負債残高については換算が行われ，換算差額は損益として計上されます。次に，親会社の「報告通貨（財務諸表を表示する通貨（日本企業の場合には通常，「円」)」を決定し，「機能通貨」が「報告通貨」と異なる場合には，「機能通貨」を「報告通貨」に換算します。発生した換算差額は，「その他の包括利益」を通じて，「その他の包括利益累計額」として計上されます。このように，IFRS のアプローチは日本基準とは異なるアプローチですが，「機能通貨」が所在地国の通貨でない場合を除き，外貨換算に関してIFRS と日本基準の間には重要な差異は生じません。

### (b) IFRS 初度適用の免除規定

　IFRS 移行日の為替換算調整勘定を利益剰余金に振り替えることができます（IFRS1.D13）。

## (3) IFRS 組替仕訳のための情報

■組替株式会社は，外貨換算に関して IFRS と日本基準との間で重要な差異はないという結論に達しました。
■初度適用企業の為替換算調整勘定に関する免除規定を利用します。

### 実務のポイント

　IFRS と日本基準の外貨換算のアプローチは異なりますが，機能通貨が所在地国の通貨と異なる場合を除いて，外貨換算の結果は大きく異なることはありません。日本の IFRS 任意適用企業のほとんどが IFRS 第1号の為替換算調整勘定をゼロとする免除規定を使用しています。

## ⑷　IFRS 組替仕訳と変動表

■ IFRS 組替仕訳（2021年3月31日終了年度の繰越仕訳）（2020年4月1日の IFRS 組替仕訳）

（単位：百万円）

| （借　方） | | （貸　方） | |
|---|---|---|---|
| 利益剰余金 – 期首 | 1,200 | その他の包括利益累計額<br>（為替換算調整勘定） | 1,200 |

■ IFRS 組替仕訳（2021年3月31日）

（単位：百万円）

| （借　方） | | （貸　方） | |
|---|---|---|---|
| 利益剰余金 – 期首 | 1,200 | その他の包括利益累計額<br>（為替換算調整勘定） | 1,200 |

■変動表

（単位：百万円）

| | 4/1/20 | 変動 | 3/31/21 |
|---|---|---|---|
| 為替換算調整勘定（日本基準） | (1,200) | 0 | (1,200) |
| 為替換算調整勘定（IFRS） | 0 | 0 | 0 |
| その他の包括利益累計額 | (1,200) | 0 | (1,200) |

# 22 ヘッジ会計

## (1) IFRS と日本基準との差異

ヘッジに関する IFRS（IFRS 第 9 号）と日本基準との主要な差異は，以下のとおりです。

| 項　目 | IFRS | 日本基準 |
|---|---|---|
| ヘッジ関係 | ①公正価値ヘッジ，②キャッシュ・フロー・ヘッジ，③海外事業への純投資のヘッジの3種類。 | ①繰延ヘッジ，②時価ヘッジ（その他有価証券に適用可）。為替予約の振当処理や金利スワップの特例処理あり。 |
| 海外事業への純投資のヘッジ | 認められる。 | 認められない。 |
| ヘッジ会計の条件としての文書化 | 厳しい文書化の条件が課されている。 | IFRS ほど厳しくない。 |
| 金利スワップの特例処理 | なし。認められない。 | あり。 |
| 為替予約の振当処理 | なし。認められない。 | 為替予約の振当処理も当面の間認められる。 |
| バランス調整 | ヘッジの有効性の要件への準拠を継続する目的で実施する（IFRS9.B6.5.16）。 | バランス調整の概念はない。 |

## (2) IFRS の補足的な説明

企業は，リスクを有している「ヘッジ対象」から発生する損益を，「ヘッジ

手段」を使用して，削除・軽減しようとすることがあります。通常，「ヘッジ手段」としてはデリバティブが使用されます。ヘッジ会計は，「ヘッジ対象」と「ヘッジ手段」について，特別の会計を認めるもので，その目的は，企業の意図どおりに，「ヘッジ対象」と「ヘッジ手段」から発生する損益を相殺することにあります。特別の会計である「ヘッジ会計」については，図表5－6を参照してください。

図表5－6　ヘッジ会計（特別の会計）

| ヘッジ関係 | ヘッジ会計の対象 | 対象の通常の会計 | ヘッジ会計の内容 |
|---|---|---|---|
| 公正価値ヘッジ | ヘッジ対象 | 取得原価，FVTPL | 他のIFRSで要求されていなくても，FVTPLで評価する。 |
| キャッシュ・フロー・ヘッジと純投資のヘッジ | ヘッジ手段 | FVTPL | FVTPLではなく，「その他の包括利益」として公正価値の変動を繰り延べる。 |

　ヘッジ会計を適用するためには，設定されている条件を満たす必要があります。この条件については，IFRS第9号では，以前のIAS第39号よりも緩和されていますが，ヘッジの方針，有効性の評価などの文書化が条件となっています。

### 実務のポイント

　IFRSと日本基準では，「ヘッジ会計」に関して，基本的な考え方や適用のための条件が異なります。日本基準で「ヘッジ会計」を適用している場合（日本基準のヘッジ会計の条件を満たした場合）には，IFRSでは，以下のいずれかの選択をすることになります。
　①　IFRSでも「ヘッジ会計」を適用する（IFRSの「ヘッジ会計」の条件を満たすようにする）。
　②　IFRSでは「ヘッジ会計」を適用しない。
　組替株式会社は，IFRSのヘッジ会計の条件を満たすために要する時間（現在およ

148

び将来），ヘッジのために使用しているデリバティブの量，「ヘッジ対象」の取引等
が経常的に発生するかどうか，その取引等の量の変動はあるか，「ヘッジ会計」の影
響額などを勘案して，IFRS適用にあたり「ヘッジ会計」を適用しないことにしました。
IFRSの文書化はそれなりに時間を要する作業となるため，同様の判断をする余地は
あります。

......................................................................................................

## (3)　IFRS 組替仕訳のための情報

■組替株式会社は，日本基準のヘッジ会計の条件を満たしているので，日本基
　準では為替予約についてヘッジ会計を行っています。

■IFRSでは，ヘッジ会計の条件である文書化には時間を要することから，
　ヘッジ会計を行いません。

■2020年3月31日と2021年3月31日の契約が決済されていない為替予約に関す
　るヘッジ会計のための日本基準の仕訳は，以下のとおりです。

[2020年3月31日]　　　　　　　　　　　　　　　　　　　（単位：百万円）

| （借　方） | | （貸　方） | |
|---|---|---|---|
| 繰延ヘッジ損失<br>（その他の流動資産） | 200 | 為　替　予　約<br>（その他の流動負債） | 200 |

[2021年3月31日]　　　　　　　　　　　　　　　　　　　（単位：百万円）

| （借　方） | | （貸　方） | |
|---|---|---|---|
| 繰延ヘッジ損失<br>（その他の流動資産） | 300 | 為　替　予　約<br>（その他の流動負債） | 300 |

## ⑷　IFRS 組替仕訳と変動表

■ IFRS 組替仕訳（2021年 3 月31日終了年度の繰越仕訳）（2020年 4 月 1 日の
　IFRS 組替仕訳）

（単位：百万円）

| （借　方） | | （貸　方） | |
|---|---|---|---|
| 利益剰余金－期首 | 140 | 繰延ヘッジ損失<br>（その他の流動資産） | 200 |
| 繰延税金資産－非流動 | 60 | | |
| 合　　　　　計 | 200 | 合　　　　　計 | 200 |

■ IFRS 組替仕訳（2021年 3 月31日）

（単位：百万円）

| （借　方） | | （貸　方） | |
|---|---|---|---|
| 利益剰余金－期首 | 140 | 繰延ヘッジ損失<br>（その他の流動資産） | 300 |
| 為 替 差 損 益 | 100 | 繰 延 税 金 費 用 | 30 |
| 繰延税金資産－非流動 | 90 | | |
| 合　　　　　計 | 330 | 合　　　　　計 | 330 |

■変動表

（単位：百万円）

| | 4/1/20 | 変動 | 3/31/21 |
|---|---|---|---|
| 繰延ヘッジ損失 | (200) | (100) | (300) |
| 税効果（30％） | 60 | 30 | 90 |
| 純額 | (140) | (70) | (210) |

# **23** 営業外損益・特別損益

## (1) IFRS と日本基準との差異

営業外損益・特別損益等に関する IFRS（IAS 第 1 号）と日本基準との主要な差異は，以下のとおりです。

| 項　目 | IFRS | 日本基準 |
|---|---|---|
| 包括利益の開示 | 要求される。 | 連結財務諸表でのみ要求される。 |
| 営業外損益，特別損益の表示 | 表示できない。 | 表示する。 |
| 営業利益 | 表示してもよい。 | 表示する。 |

## (2) IFRS の補足的な説明

### (a) 強制表示項目

IFRS では，少なくとも以下の項目（強制表示項目）を，包括利益計算書において表示します（IAS1.82）。

| | 強制表示項目（科目） | 第 6 章の組替株式会社の財務諸表での表示（204ページ参照） |
|---|---|---|
| 1 | 収益 | 「売上高」として表示 |
| 2 | 償却原価で測定する金融資産の認識中止による損益 | 該当なし |
| 3 | 金融費用 | 「支払利息」として表示 |
| 4 | 持分法を適用した会社の損益 | 「持分法損益」として表示 |

| 5 | 税金費用 | 「法人税」として表示 |
| 6 | 非継続事業から生じる税引後損益 | 「非継続事業からの損失」として表示 |
| 7 | IFRS 第 9 号の減損損失 | 該当なし |
| 8 | 金融資産の分類変更による損益 | 該当なし |

　その表示が企業の業績の理解のために必要な場合には，①追加の項目，②見出し，③小計（上記の強制表示項目の分解を含む）を損益及びその他の包括利益計算書に表示します（IAS1.85）。企業は，損益及びその他の包括利益計算書や注記で，異常損益項目（extraordinary items）として収益および費用を表示することはできません（IAS1.87）。

　包括利益計算書では，「損益」と「その他の包括利益」の 2 つのセクションに追加して，以下を表示します（IAS1.81A，81B）。

| 当期損益 |
| 非支配持分に帰属する損益 |
| 親会社の株主に帰属する損益 |
| その他の包括利益の合計 |
| 当期包括利益 |
| 非支配持分に帰属する損益 |
| 親会社の株主に帰属する損益 |

　「その他の包括利益」については，以下の項目が表示されます（IAS1.82A）。

　　以下のグループ別に，他の IFRS に従って内容により分類した「その他の包括利益」の項目（持分法適用の関連会社またはジョイント・ベンチャーに関する包括利益の項目も同様）
　①　損益にその後，組み替えられない（リサイクリングされない）項目
　②　条件を満たした場合に，損益にその後，組み替えられる（リサイクリングされる）項目

(b) リサイクリング

　IFRSでは下表のとおり，リサイクリングを認める項目と禁止している項目があります。

| 項　目 | リサイクリングの可否 | リサイクリングの時期 |
|---|---|---|
| 確定給付年金の再測定（IAS第19号） | 禁止[注] | |
| 為替換算差額（IAS第21号） | 可 | 海外事業の廃棄 |
| ヘッジ会計（キャッシュ・フロー・ヘッジに用いられるデリバティブ損益）（IFRS第9号） | 可 | 対象予定取引から損益が生じたとき |
| FVTOCI（株式） | 禁止[注] | |
| FVTOCI（債券） | 可 | 関連債券の売却 |

（注）　ただし，資本の部の他の勘定への振替は認められます。

(c) 包括利益計算書の様式

　IFRSは，日本基準と同様に，1計算書方式と2計算書方式のいずれも認めています。1計算書方式は，1つの計算書で当期利益（日本基準の当期純利益に相当）と包括利益を示す方式です。2計算書方式は，従来の損益計算書（最終利益は当期利益）ともう1つの計算書（当期利益から開始して最後に包括利益を示す）の2つの計算書の方式です。

(d) 包括利益計算書の表示方法

　企業は，費用性格法（減価償却費，原材料費，運送費，従業員給付，広告費等，その性格または形態に基づいて費用を分類する）と費用機能法（売上原価，販売費，管理費等，その機能に基づいて費用を分類する）の選択が可能です（IAS1.99）。費用機能法を採用する場合には，追加的に償却費，従業員給付などの費用の性格に関しての追加情報を開示しなければなりません（IAS1.104）。

## ⒠　財政状態計算書の強制表示項目

　財政状態計算書の強制表示項目を紹介しておきます。以下が財政状態計算書の強制表示項目です（IAS1.54）。

| | 強制表示項目（科目） | 第 6 章の組替株式会社の財務諸表での表示（202ページ参照） |
|---|---|---|
| 1 | 有形固定資産 | 有形固定資産の内訳として各勘定を表示 |
| 2 | 投資不動産 | 該当なし |
| 3 | 無形資産 | 表示 |
| 4 | 金融資産（下記の持分法投資，営業債権およびその他の債権，現金および現金同等物で表示された金額を除く） | 金融資産の内訳として，「投資有価証券」，「その他の投資」を表示 |
| 5 | 持分法投資 | 表示 |
| 6 | 農業資産 | 該当なし |
| 7 | 棚卸資産 | 表示 |
| 8 | 営業債権およびその他の債権 | 「売掛金」として表示 |
| 9 | 現金および現金同等物 | 表示 |
| 10 | 売却目的保有と分類される資産（IFRS 第 5 号「売却目的で保有する非流動資産及び非継続事業」に従って売却目的保有と分類された処分グループを含む）の合計 | 「売却目的保有資産」として表示 |
| 11 | 営業債務およびその他の債務 | 「買掛金」として表示 |
| 12 | 引当金 | 表示 |
| 13 | 金融負債（上記の営業債務およびその他の債務，引当金で表示された金額を除く） | 「短期・長期借入金」，「1 年内返済予定負債」を表示 |
| 14 | 法人所得税等に対する税金負債および資産 | 「未払法人税」として表示 |
| 15 | 繰延税金負債および繰延税金資産 | 表示 |

| 16 | 売却目的保有と分類された処分グループに含まれる負債 | 該当なし |
|----|------------------------------------------------|----------|
| 17 | 資本の部に表示される非支配持分 | 表示 |
| 18 | 親会社の株主に帰属する発行済資本金および剰余金 | 表示 |

　その表示が企業の財政状態の理解のために必要な場合には，①追加の項目，②見出し，③小計（上記の強制表示項目の分解を含む）を財政状態計算書に表示します（IAS1.55）。

　その他なし。

### (f)　IFRS と日本基準の非支配持分に帰属する損益の表示の違い

　日本基準でも連結財務諸表において「包括利益」の表示が強制されましたが，以下の例示に示すように，表示の方法は違っています。

| IFRS | | 日本基準 | |
|------|------:|----------|------:|
| 税引前利益 | 2,200 | 税金等調整前当期純利益 | 2,200 |
| 法人税 | (900) | 法人税，住民税及び事業税 | (800) |
| | | 法人税等調整額 | (100) |
| 当期利益 | 1,300 | 当期純利益 | 1,300 |
| 当期利益： | | 非支配持分に帰属する当期純利益 | (300) |
| 親会社の株主に帰属する当期利益 | 1,000 | 親会社の株主に帰属する当期純利益 | 1,000 |
| 非支配持分に帰属する当期利益 | 300 | | |
| | 1,300 | | |

## (3)　IFRS 組替仕訳のための情報

■組替株式会社は，費用機能法（日本基準の表示方法）を選択しました。
■営業利益は表示することにしました。

■1計算書方式を採用しました。

■為替差損益は営業利益に含めません。

■2021年3月31日終了年度の連結試算表の他のIFRS組替仕訳を考慮した後の売上，売上原価，開発費，一般管理費以外の当期損益を構成する損益勘定は以下のとおりです（195ページ参照）。

（単位：百万円）

| 勘　　定 | 金　　額 | |
|---|---:|---|
| 無形資産の償却 | 19,000 | ○ |
| 受取利息 | (55) | |
| 為替差損益 | 69 | |
| 支払利息 | 2,867 | |
| 投資の評価損 | 7,500 | |
| 減損戻入益 | (1,200) | ○ |
| 固定資産の売却・除却損 | 1,103 | ○ |
| 持分法損益 | (500) | |
| 当期税金費用 | 31,140 | |
| 繰延税金費用 | (2,822) | |
| 非継続事業からの損失 | 180 | |

上記の○の勘定は，営業利益に含まれるため，一般管理費に振り替えました。

### 実務のポイント

　まず，IFRSの包括利益計算書で営業利益を表示するかどうかを決定します。

　IFRSの営業利益は，営業の概念が日本基準より広いことから，日本基準の営業利益とは範囲が異なることに注意が必要です。IFRSの営業利益は，キャッシュ・フロー計算書と同様に，営業，投資，財務に区分されると考えるのが，簡単な理解の仕方です。したがって，投資（投資収益（投資売却損益），持分法損益），財務（金融収益（受取利息），金融費用（支払利息），法人所得税，非継続事業からの損益以外の損益となります。したがって，リストラ費用，固定資産の売却損益や減損損失は，営業利益に含まれます。持分法損益は営業利益に含めることが可能ですが，為替差損益は会計方針により，営業に関連する部分は営業損益に含めることが可能であるとされます。

## ⑷ IFRS 組替仕訳（RJE）と変動表

■ IFRS 組替仕訳（2021年 3 月31日終了年度の繰越仕訳）（2020年 4 月 1 日の IFRS 組替仕訳）

> すべてが損益勘定のため該当なし

■ IFRS 組替仕訳（2021年 3 月31日）

（単位：百万円）

| （借　方） | | （貸　方） | |
|---|---:|---|---:|
| 減 損 戻 入 益 | 1,200 | 無 形 資 産 の 償 却 | 19,000 |
| 一 般 管 理 費 | 18,903 | 固定資産の売却・除却損 | 1,103 |
| 合　　　　　計 | 20,103 | 合　　　　　計 | 20,103 |

# 第6章

# IFRS財務諸表への組替表

　組替株式会社では，日本基準の連結財務諸表作成のための連結試算表を作成しています。この連結試算表は，親会社の試算表に連結パッケージで収集した各子会社の試算表（親会社の試算表の科目を使用）を合算したものです。

　また，海外子会社に関しては，日本円に換算した後の試算表を合算しています。

　この日本基準の連結試算表に IFRS 組替仕訳を追加して，IFRS の連結試算表を完成させ，それを基礎に IFRS 連結財政状態計算書，IFRS 連結包括利益計算書，IFRS 連結キャッシュ・フロー計算書を作成します。

　第6章では以下の表などを示しています。

A．第5章で作成した「IFRS 組替仕訳」の一覧表（2020年4月1日）

B．第5章で作成した「IFRS 組替仕訳」の一覧表（2021年3月31日）

C．2020年4月1日現在（財政状態計算書項目のみ）と2021年3月31日現在の「日本基準の連結試算表」

D．2021年3月31日終了年度の「日本基準の連結キャッシュ・フロー計算書」

E．2020年4月1日現在の「IFRS 連結試算表（財政状態計算書勘定のみ）」（日本基準の連結試算表＋IFRS 組替仕訳）

F．2021年3月31日終了年度の「IFRS 連結試算表」（日本基準の連結試算表＋IFRS 組替仕訳）

G．2021年3月31日終了年度の「IFRS の利益剰余金調整表」

H．2021年3月31日終了年度の「日本基準の連結キャッシュ・フロー計算書」から「IFRS 連結キャッシュ・フロー計算書」を作成する表

　I．Eから作成した2020年4月1日現在の「IFRS連結財政状態計算書」
　J．Fから作成した2021年3月31日現在の「IFRS連結財政状態計算書」
　K．Fから作成した2021年3月31日終了年度の「IFRS連結包括利益計算書」
　L．Hから作成した2021年3月31日終了年度の「IFRS連結キャッシュ・フロー計算書」
　M．2021年3月31日終了年度の「連結持分変動計算書」
　N．IFRS第1号で要求される2021年3月31日と2021年3月31日終了年度の日本基準とIFRSの調整表

## 1 ｜IFRS財務諸表作成の流れ

　IFRS財務諸表作成の流れを説明しているのが以下の図表6－1です。

**図表6－1　IFRS財務諸表の作成までの流れ**

| 期末（開始）日・年度 | 財務諸表 | 日本基準 | 組替仕訳 | IFRS | |
|---|---|---|---|---|---|
| | | 試算表 | | | 財務諸表 |
| 2020年4月1日 | 財政状態計算書 | C－1 | A | E | I |
| | 調整表 | | | G | ＿(注1)(注2) |
| 2021年3月31日終了年度 | 財政状態計算書 | C－2 | B | F | J |
| | 調整表 | | | G | N－1(注1) |
| | 包括利益計算書 | C－2 | B | F | K |
| | 調整表 | | | G | N－2(注1) |
| | キャッシュ・フロー計算書 | D(注4) | B(注3) | H(注4) | L |
| | 持分変動計算書 | | | | M |

（注1）　IFRS第1号で開示が要求されているIFRSと日本基準の調整表です。
（注2）　作成は要求されますが，紙面の都合で示していません。
（注3）　Bの組替仕訳を参考にHの表に数値を入れます。
（注4）　試算表ではなくキャッシュ・フロー計算書そのもの
（注5）　2022年3月31日終了年度の財務諸表は紙面の都合で紹介していません。
＊　　上記のアルファベットは159ページ以降のA～Nに対応しています。

　組替株式会社が作成すべきIFRS財務諸表ですが，3つに区分すると「2020

年 4 月 1 日現在の財政状態計算書」,「2021年 3 月31日終了年度の財務諸表」,
「2022年 3 月31日終了年度の財務諸表」です（33ページ参照）。本書では，紙面
の都合から，「2022年 3 月31日終了年度の財務諸表」に関しては紹介せず，
「2020年 4 月 1 日の財政状態計算書」と「2021年 3 月31日終了年度の財務諸表
（2021年 3 月31日現在の財政状態計算書を含む）」の作成について示しています。

### (1)　2020年 4 月 1 日の財政状態計算書（ I ）

　図表 6 - 1 では，まず，「2020年 4 月 1 日現在の財政状態計算書」の作成の
流れを示しています。日本基準の試算表（C - 1 ）に IFRS 組替仕訳（A）を
追加して，IFRS 試算表（E）を完成させます。その IFRS 試算表（E）から
財政状態計算書（ I ）を作成します。この作業は，財政状態計算書の様式（表
示科目を含む）を決定しておけば，試算表に示された各科目の金額を基礎に合
計や小計を計算して，それを転記するだけの作業となります。また，IFRS 第
１号で作成が要求される調整表（N - 1 ，N - 2 ）での利益剰余金の内訳は
「2021年 3 月31日終了年度の利益剰余金調整表（G）」の期首（2020年 4 月 1 日）
の欄の利益剰余金の内訳として示されます。

### (2)　2021年 3 月31日終了年度の財務諸表（2021年 3 月31日現在の財政状態計算書を含む）

### ①　2021年 3 月31日現在の財政状態計算書（ J ）

　「2020年 4 月 1 日現在の財政状態計算書」の作成の流れと同じ流れになりま
す。日本基準の試算表（C - 2 ）に IFRS 組替仕訳（B）を追加して，IFRS
試算表（F）を完成させます。その IFRS 試算表（F）から財政状態計算書（ J ）
を作成します。「2021年 3 月31日終了年度の利益剰余金調整表（G）」の期末
（2021年 3 月31日）の欄の利益剰余金の内訳は，2021年 3 月31日現在の IFRS
と日本基準の調整表での利益剰余金の内訳として示されます。

160

## ② 2021年3月31日終了年度の包括利益計算書（K）

　日本基準の試算表（C－2）にIFRS組替仕訳（B）を追加して，IFRS試算表（F）を完成させます。そのIFRS試算表（F）から包括利益計算書（K）を作成します。試算表から財政状態計算書の作成は比較的簡単でしたが，試算表から包括利益計算書を作成するためには，「その他の包括利益」の分析が必要となります。「2021年3月31日終了年度の利益剰余金調整表（G）」の当期利益の欄の内訳は，2021年3月31日終了年度のIFRSと日本基準の包括利益の調整表での当期利益の内訳として示されます。

## ③ 2021年3月31日終了年度の利益剰余金調整表（G）

　2021年3月31日終了年度の利益剰余金調整表（G）は「2021年3月31日のIFRSの試算表（F）」を基礎に作成されます。「2021年3月31日のIFRSの試算表（F）」が完成したらすぐに「2021年3月31日終了年度の利益剰余金調整表（G）」を作成しましょう。

## ④ 2021年3月31日終了年度のキャッシュ・フロー計算書（H）（L）

　日本基準のキャッシュ・フロー計算書試算表（D）にIFRS組替仕訳（B）の内容を調整してIFRSのキャッシュ・フロー計算書（H）を完成させます。キャッシュ・フロー計算書（L）は単に（H）のIFRSの数値を転記したものです。

## ⑤ 2021年3月31日終了年度の持分変動計算書（M）

　2021年3月31日終了年度の持分変動計算書（M）は，2020年4月1日の財政状態計算書（I）（2020年4月1日（期首）の資本の部の各勘定の数値），2021年3月31日現在の財政状態計算書（J）（当期利益，親会社の株主に帰属する利益，被支配持分に帰属する利益，その他の包括利益の数値），2021年3月31日終了年度の包括利益計算書（K）（2021年3月31日（期末）の資本の部の各

勘定の数値）などから作成します。日本基準の「株主資本等変動計算書」を基礎に作成することも考えられますが，煩雑になる可能性が高いため，この方法で作成しています。

⑥　2021年 3 月31日現在の日本基準と IFRS の資本の部の調整表（N－ 1 ）と2021年 3 月31日終了年度の包括利益の調整表（N－ 2 ）

日本基準の財務諸表と①，②，③を基礎に作成します。

## 2 ┃ IFRS 財務諸表作成のための資料等

## A．IFRS 組替仕訳（2021年 3 月31日終了年度の繰越仕訳）（2020年 4 月 1 日の仕訳）

以下の IFRS 組替仕訳は第 5 章で示した仕訳です。以下の仕訳の単位は，すべて百万円です。

### 1　売上債権－貸倒引当金

| （借　方） | | （貸　方） | |
|---|---|---|---|
| 利益剰余金－期首 | 210 | 貸 倒 引 当 金 | 300 |
| 繰延税金資産－非流動 | 90 | | |

### 2　棚卸資産

該当なし

162

### 3 有価証券

| （借　方） | | （貸　方） | |
|---|---|---|---|
| AOCI－有価証券 | 16,450 | 利益剰余金－期首 | 16,450 |
| 利益剰余金－期首 | 70 | 投資有価証券 | 100 |
| 繰延税金資産－非流動 | 30 | | |
| 合　　　　計 | 16,550 | 合　　　　計 | 16,550 |

### 4 売却目的保有資産

| （借　方） | | （貸　方） | |
|---|---|---|---|
| 利益剰余金－期首 | 553 | 土　　　　地 | 2,000 |
| 減価償却累計額 | 410 | 建　　　　物 | 800 |
| 売却目的保有の非流動資産（流動資産） | 1,600 | | |
| 繰延税金資産－非流動 | 237 | | |
| 合　　　　計 | 2,800 | 合　　　　計 | 2,800 |

### 5 有形固定資産－減価償却方法

| （借　方） | | （貸　方） | |
|---|---|---|---|
| 減価償却累計額 | 4,899 | 利益剰余金－期首 | 3,429 |
| | | 繰延税金資産－非流動 | 1,470 |

### 6 有形固定資産－コンポーネント会計

該当なし

### 7 有形固定資産－減損損失の戻し

| （借　方） | | （貸　方） | |
|---|---|---|---|
| 利益剰余金－期首 | 1,050 | 機　　　　械 | 1,500 |
| 繰延税金資産－非流動 | 450 | | |

## 8　無形資産－開発費

| （借　方） | | （貸　方） | |
|---|---|---|---|
| その他の無形資産 | 270 | 利益剰余金－期首 | 189 |
| | | 繰延税金資産－非流動 | 81 |

## 9　リース

| （借　方） | | （貸　方） | |
|---|---|---|---|
| 使 用 権 資 産 | 9,218 | リ ー ス 負 債 | 6,982 |
| | | 1 年内のリース負債 | 2,236 |

## 10　繰延資産

| （借　方） | | （貸　方） | |
|---|---|---|---|
| 資 本 剰 余 金 | 84 | 利益剰余金－期首 | 28 |
| 繰延税金資産－非流動 | 24 | 繰 延 資 産 | 80 |

## 11　引当金－有給休暇引当金

| （借　方） | | （貸　方） | |
|---|---|---|---|
| 利益剰余金－期首 | 1,306 | 有 給 休 暇 引 当 金 | 1,865 |
| 繰延税金資産－非流動 | 559 | | |

## 12　年金負債

| （借　方） | | （貸　方） | |
|---|---|---|---|
| 利益剰余金－期首 | 8,700 | Ａ Ｏ Ｃ Ｉ － 年 金 | 8,700 |

## 13　繰延税金

| （借　方） | | （貸　方） | |
|---|---|---|---|
| 繰延税金資産－非流動 | 36 | 利益剰余金－期首 | 36 |

164

## 14 費用－ストック・オプション

| （借　方） | | （貸　方） | |
|---|---|---|---|
| 新 株 予 約 権 | 50 | 資 本 剰 余 金 | 50 |

## 15 費用－利息の資産化

該当なし

## 16 非継続事業

該当なし

## 17 企業結合－子会社の取得（非支配持分ののれんの計上）

| （借　方） | | （貸　方） | |
|---|---|---|---|
| の　　れ　　ん | 167 | 非 支 配 持 分 | 153 |
| 繰延税金資産－非流動 | 30 | 利益剰余金－期首 | 44 |

## 18 企業結合－のれんの償却

該当なし

## 19 連結－支配の喪失・重要な影響の喪失

| （借　方） | | （貸　方） | |
|---|---|---|---|
| 投 資 有 価 証 券 | 70 | 利益剰余金－期首 | 49 |
| | | 繰延税金資産－非流動 | 21 |

## 20　連結－非支配持分の損失負担

| （借　方） | | （貸　方） | |
|---|---|---|---|
| 非 支 配 持 分 | 200 | 利益剰余金－期首 | 200 |

## 21　外貨換算

| （借　方） | | （貸　方） | |
|---|---|---|---|
| 利益剰余金－期首 | 1,200 | その他の包括利益累計額<br>（為替換算調整勘定） | 1,200 |

## 22　ヘッジ会計

| （借　方） | | （貸　方） | |
|---|---|---|---|
| 利益剰余金－期首 | 140 | 繰延ヘッジ損失<br>（その他の流動資産） | 200 |
| 繰延税金資産－非流動 | 60 | | |

## 23　営業外損益・特別損益

該当なし

## B．IFRS 組替仕訳（2021年3月31日）

　以下の IFRS 組替仕訳は第5章で示した仕訳です。以下の仕訳の単位は，すべて百万円です。

### 1　売上債権−貸倒引当金

| （借　方） | | （貸　方） | |
|---|---|---|---|
| 利益剰余金−期首 | 210 | 貸倒費用（一般管理費） | 500 |
| 貸 倒 引 当 金 | 200 | 繰延税金資産−非流動 | 60 |
| 繰 延 税 金 費 用 | 150 | | |
| 合　　　　　計 | 560 | 合　　　　　計 | 560 |

### 2　棚卸資産

| （借　方） | | （貸　方） | |
|---|---|---|---|
| 棚 　卸 　資 　産 | 60 | 売 　上 　原 　価 | 60 |
| 繰 延 税 金 費 用 | 18 | 繰延税金資産−非流動 | 18 |

### 3　有価証券

| （借　方） | | （貸　方） | |
|---|---|---|---|
| ＡＯＣＩ−有価証券 | 10,850 | 利益剰余金−期首 | 16,450 |
| その他有価証券売却益 | 15,000 | 利益剰余金−増減 | 2,800 |
| 繰 延 税 金 費 用 | 900 | 有価証券の減損 | 3,000 |
| | | 当 期 法 人 税 費 用 | 4,500 |
| 利益剰余金−期首 | 70 | 投 資 有 価 証 券 | 150 |
| 利益剰余金−増減 | 35 | | |
| 繰延税金資産−非流動 | 45 | | |
| 合　　　　　計 | 26,900 | 合　　　　　計 | 26,900 |

### 4　売却目的保有資産

| （借　方） | | （貸　方） | |
|---|---:|---|---:|
| 利益剰余金－期首 | 553 | 減 価 償 却 費<br>（一 般 管 理 費） | 20 |
| 固定資産売却・除却損 | 150 | 固定資産売却損 | 920 |
| 繰 延 税 金 費 用 | 237 | | |
| 合　　　　　計 | 940 | 合　　　　　計 | 940 |

### 5　有形固定資産－減価償却方法

| （借　方） | | （貸　方） | |
|---|---:|---|---:|
| 減 価 償 却 累 計 額 | 4,377 | 利益剰余金－期首 | 3,429 |
| 固定資産売却・除却損 | 422 | 繰 延 税 金 費 用 | 157 |
| 減 価 償 却 費<br>（売 上 原 価） | 100 | 繰延税金資産－非流動 | 1,313 |
| 合　　　　　計 | 4,899 | 合　　　　　計 | 4,899 |

### 6　有形固定資産－コンポーネント会計

| （借　方） | | （貸　方） | |
|---|---:|---|---:|
| 減 価 償 却 費<br>（売 上 原 価） | 1,534 | 減 価 償 却 累 計 額 | 1,534 |
| 修 繕 引 当 金 | 1,500 | 修 繕 引 当 金 繰 入<br>（一 般 管 理 費） | 1,500 |
| 繰延税金資産－非流動 | 10 | 繰 延 税 金 費 用 | 10 |
| 合　　　　　計 | 3,044 | 合　　　　　計 | 3,044 |

### 7　有形固定資産－減損損失の戻し

| （借　方） | | （貸　方） | |
|---|---:|---|---:|
| 利益剰余金－期首 | 1,050 | 減 損 戻 入 益 | 1,200 |
| 繰 延 税 金 費 用 | 450 | 減 価 償 却 費<br>（一 般 管 理 費） | 300 |
| 合　　　　　計 | 1,500 | 合　　　　　計 | 1,500 |

### 8　無形資産－開発費

| （借　方） | | （貸　方） | |
|---|---:|---|---:|
| その他の無形資産 | 210 | 利益剰余金－期首 | 189 |
| 無 形 資 産 償 却 費<br>（一 般 管 理 費） | 60 | 繰延税金資産－非流動 | 63 |
|  |  | 繰 延 税 金 費 用 | 18 |
| 合　　　　　計 | 270 | 合　　　　　計 | 270 |

### 9　リース

| （借　方） | | （貸　方） | |
|---|---:|---|---:|
| 使 用 権 資 産 | 9,218 | リ ー ス 負 債 | 6,937 |
| リ ー ス 負 債 | 2,236 | 1 年内のリース負債 | 2,281 |
| 利 息 費 用 | 164 | リース料（一般管理費） | 2,400 |
| 使 用 権 資 産 償 却<br>（一 般 管 理 費） | 2,305 | 使 用 権 資 産 | 2,305 |
| 繰延税金資産－非流動 | 21 | 繰 延 税 金 費 用 | 21 |
| 合　　　　　計 | 13,944 | 合　　　　　計 | 13,944 |

## 10　繰延資産

| （借　方） | | （貸　方） | |
|---|---|---|---|
| 資 本 剰 余 金 | 84 | 利益剰余金－期首 | 28 |
| 繰延税金資産－非流動 | 6 | 繰 延 資 産 | 20 |
| 繰 延 税 金 費 用 | 18 | 繰 延 資 産 償 却<br>（一 般 管 理 費） | 60 |
| 合　　　　　計 | 108 | 合　　　　　計 | 108 |

## 11　引当金－有給休暇引当金

| （借　方） | | （貸　方） | |
|---|---|---|---|
| 利益剰余金－期首 | 1,306 | 有 給 休 暇 引 当 金 | 1,901 |
| 売 上 原 価 | 24 | 繰 延 税 金 費 用 | 11 |
| 一 般 管 理 費 | 12 | | |
| 繰延税金資産－非流動 | 570 | | |
| 合　　　　　計 | 1,912 | 合　　　　　計 | 1,912 |

## 12　年金負債

| （借　方） | | （貸　方） | |
|---|---|---|---|
| 利益剰余金－期首 | 7,700 | Ａ Ｏ Ｃ Ｉ － 年 金 | 7,752 |
| 利益剰余金－増減 | 392 | 売 上 原 価 | 324 |
| 繰 延 税 金 費 用 | 146 | 一 般 管 理 費 | 162 |
| 合　　　　　計 | 8,238 | 合　　　　　計 | 8,238 |
| | | | |
| 利益剰余金－期首 | 1,000 | Ａ Ｏ Ｃ Ｉ － 年 金 | 905 |
| 繰 延 税 金 費 用 | 24 | 利益剰余金－増減 | 41 |
| | | 売 上 原 価 | 52 |
| | | 一 般 管 理 費 | 26 |
| 合　　　　　計 | 1,024 | 合　　　　　計 | 1,024 |

## 13 繰延税金

| （借　方） | | （貸　方） | |
|---|---|---|---|
| 繰延税金資産－非流動 | 45 | 利益剰余金－期首 | 36 |
| | | 繰 延 税 金 費 用 | 9 |

## 14 費用－ストック・オプション

| （借　方） | | （貸　方） | |
|---|---|---|---|
| 特　別　利　益 | 50 | 利 益 剰 余 金 －<br>そ の 他 の 増 減 | 50 |

## 15 費用－利息の資産化

| （借　方） | | （貸　方） | |
|---|---|---|---|
| 建 設 仮 勘 定 | 38 | 支 払 利 息 | 38 |
| 繰 延 税 金 費 用 | 11 | 繰延税金資産－非流動 | 11 |

## 16 非継続事業

| （借　方） | | （貸　方） | |
|---|---|---|---|
| 売　　上　　高 | 3,000 | 売 上 原 価 | 2,800 |
| 当 期 税 金 費 用 | 20 | 一 般 管 理 費 | 400 |
| 非継続事業からの損失 | 180 | 土　　　　　地 | 100 |
| 減 価 償 却 累 計 額 | 15 | 建　　　　　物 | 50 |
| 非継続事業の非流動資産 | 225 | 工具，器具，備品 | 30 |
| | | そ の 他 の 投 資 | 10 |
| | | その他の無形資産 | 20 |
| | | 繰延税金資産－非流動 | 30 |
| 合　　　　　計 | 3,440 | 合　　　　　計 | 3,440 |

## 17　企業結合－子会社の取得（非支配持分ののれんの計上）

| （借　方） | | （貸　方） | |
|---|---|---|---|
| の　　れ　　ん | 224 | 非 支 配 持 分 | 153 |
| 繰延税金資産－非流動 | 30 | の れ ん 償 却 費 | 57 |
| | | 利益剰余金－期首 | 44 |
| 合　　　　　計 | 254 | 合　　　　　計 | 254 |

## 18　企業結合－のれんの償却

| （借　方） | | （貸　方） | |
|---|---|---|---|
| の　　れ　　ん | 1,800 | の れ ん 償 却 費 | 1,800 |

## 19　連結－支配の喪失・重要な影響の喪失

| （借　方） | | （貸　方） | |
|---|---|---|---|
| 投 資 有 価 証 券 | 70 | 利益剰余金－期首 | 49 |
| | | 繰延税金資産－非流動 | 21 |

## 20　連結－非支配持分の損失負担

| （借　方） | | （貸　方） | |
|---|---|---|---|
| 非 支 配 持 分 | 50 | 利益剰余金－期首 | 200 |
| 非 支 配 持 分 に 帰 属 す る 損 益 | 150 | | |

## 21　外貨換算

| （借　方） | | （貸　方） | |
|---|---|---|---|
| 利益剰余金－期首 | 1,200 | その他の包括利益累計額 （為替換算調整勘定） | 1,200 |

172

## 22　ヘッジ会計

（単位：百万円）

| （借　方） | | （貸　方） | |
|---|---|---|---|
| 利益剰余金－期首 | 140 | 繰 延 ヘ ッ ジ 損 失<br>（その他の流動資産） | 300 |
| 為 替 差 損 益 | 100 | 繰 延 税 金 費 用 | 30 |
| 繰延税金資産－非流動 | 90 | | |
| 合　　　　計 | 330 | 合　　　　計 | 330 |

## 23　営業外損益・特別損益

| （借　方） | | （貸　方） | |
|---|---|---|---|
| 減 損 戻 入 益 | 1,200 | 無 形 資 産 の 償 却 | 19,000 |
| 一 般 管 理 費 | 18,903 | 固定資産の売却・除却損 | 1,103 |

## C．日本基準の連結試算表

　まず，すでに利用可能となっている日本基準の連結試算表を入手します。連結試算表は日本基準の財務諸表の基礎となるもので，設定した勘定の期末残高を示しており，勘定残高の合計はゼロとなります。2020年4月1日（2020年3月31日）と2021年3月31日現在の連結試算表は以下のとおりです。この連結試算表に IFRS 組替仕訳を加えて，IFRS の連結試算表を作成することになります。海外子会社の勘定残高については，機能通貨から日本円への換算後の数値で日本基準の連結試算表に含まれています。

## C－1　2020年4月1日現在の日本基準の連結試算表（財政状態計算書勘定のみ）

（単位：百万円）

| 勘　　定 | 金　額 |
|---|---|
| 現金および現金同等物 | 34,224 |
| 売掛金 | 130,422 |
| 貸倒引当金 | (1,500) |
| 棚卸資産 | 64,311 |
| 前払費用 | 3,541 |
| その他の流動資産 | 8,417 |
| 土地 | 15,000 |
| 建物 | 24,530 |
| 工具，器具，備品 | 35,100 |
| 機械 | 33,000 |
| 減価償却累計額 | (28,199) |
| 投資有価証券 | 68,000 |
| 持分法投資 | 9,700 |
| その他の投資 | 5,541 |
| のれん | 7,453 |
| その他の無形資産 | 44,000 |
| 保証金 | 16,400 |
| 繰延税金資産－非流動 | 30,160 |
| 繰延資産 | 80 |
| 短期借入金 | (24,000) |
| 1年内の長期借入金 | (10,000) |
| 買掛金 | (26,215) |
| 前受金 | (12,100) |
| 未払法人税等 | (20,010) |
| 製品保証引当金 | (100) |
| その他の未払費用 | (3,974) |
| その他の流動負債 | (2,524) |
| 長期借入金 | (70,000) |
| 年金負債 | (30,000) |
| 繰延税金負債－非流動 | (250) |

| | |
|---|---:|
| 資本金 | (80,000) |
| 資本剰余金 | (80,750) |
| 新株予約権 | (50) |
| 利益剰余金－期末 | (137,922) |
| その他の包括利益累計額 | |
| 　有価証券未実現損益 | (16,450) |
| 　為替換算調整勘定 | 1,200 |
| 　数理計算上の差異 | 8,700 |
| 非支配持分 | (1,235) |
| 自己株式 | 5,500 |
| 合計 | 0 |

## C－2　2021年3月31日現在の日本基準の連結試算表

　連結試算表では，すべての勘定の残高の合計はゼロとなりますが，以下の日本基準の連結試算表では，「財政状態計算書の勘定」と「包括利益計算書の勘定」に区分しています。まだ，「締め」の手続は行われていないため，「財政状態計算書の勘定」と「包括利益計算書の勘定」の残高の合計（小計）はゼロにはなっていません（双方の合計はゼロ）。この小計金額は日本基準の「親会社に帰属する当期純利益」の金額（33,210百万円）を示しています。

（単位：百万円）

| 勘　　定 | 金　　額 |
|---|---:|
| 現金および現金同等物 | 57,494 |
| 売掛金 | 128,273 |
| 貸倒引当金 | (1,800) |
| 棚卸資産 | 63,527 |
| 前払費用 | 2,715 |
| その他の流動資産 | 9,542 |
| 土地 | 13,000 |
| 建物 | 23,580 |
| 機械 | 35,000 |
| 工具，器具，備品 | 38,652 |
| 建設仮勘定 | 4,000 |
| 減価償却累計額 | (30,537) |
| 投資有価証券 | 27,000 |
| 持分法投資 | 10,000 |
| その他の投資 | 6,741 |
| のれん | 5,596 |
| その他の無形資産 | 42,000 |
| 保証金 | 15,400 |
| 繰延税金資産－非流動 | 36,712 |
| 繰延資産 | 20 |
| 短期借入金 | (13,000) |
| 1年内の長期借入金 | (10,000) |
| 買掛金 | (20,750) |
| 前受金 | (10,050) |
| 未払法人税等 | (18,810) |

| | |
|---|---:|
| 製品保証引当金 | （120） |
| その他の未払費用 | （10,100） |
| その他の流動負債 | （6,425） |
| 長期借入金 | （40,000） |
| 修繕引当金 | （1,500） |
| 年金負債 | （30,500） |
| 繰延税金負債－非流動 | （350） |
| 資本金 | （80,000） |
| 資本剰余金 | （81,000） |
| 未処分利益剰余金－期首 | （137,922） |
| 支払配当 | 4,400 |
| その他の包括利益累計額 | |
| 　有価証券未実現損益 | （10,850） |
| 　為替換算調整勘定 | 1,400 |
| 　数理計算上の差異 | 8,657 |
| 非支配持分 | （1,785） |
| 自己株式 | 5,000 |
| 小計 | （33,210） |

| | |
|---|---:|
| 売上高 | （462,867） |
| 売上原価 | 234,335 |
| 開発費 | 5,100 |
| 販売費および一般管理費 | 138,649 |
| のれんの償却 | 1,857 |
| 無形資産の償却 | 19,000 |
| 受取利息 | （55） |
| 有価証券売却益 | （15,000） |
| 為替差損 | （31） |
| 支払利息 | 2,741 |
| 投資の評価損 | 10,500 |
| 新株引受権戻し益 | （50） |
| 固定資産の売却・除却損 | 1,451 |
| 持分法損益 | （500） |
| 当期税金費用 | 35,620 |
| 繰延税金費用 | （4,520） |
| 非支配持分に帰属する損益 | 560 |
| 小計 | 33,210 |
| 合計 | 0 |

## D．2021年 3 月31日終了年度の「日本基準の連結キャッシュ・フロー計算書」

　IFRS の連結キャッシュ・フロー計算書は，日本基準の連結キャッシュ・フロー計算書を基礎に作成します。そのため，以下の日本基準の連結キャッシュ・フロー計算書を入手します。

（単位：百万円）

| | |
|---|---:|
| 当期純利益 | 33,770 |
| 調整 | |
| 　減価償却 | 4,800 |
| 　無形資産の償却 | 3,000 |
| 　のれんの償却 | 1,857 |
| 　繰延資産の償却 | 60 |
| 　配当金控除後の持分法損益 | （300） |
| 　繰延税金費用 | （4,520） |
| 　当期税金費用 | 35,620 |
| 　拠出金控除後の年金費用 | 562 |
| 　貸倒引当金繰入（戻入れ） | 300 |
| 　修繕引当金繰入 | 1,500 |
| 　その他引当金繰入 | 20 |
| 　市場性のある有価証券の評価損 | 3,000 |
| 　新株引受権戻し益 | （50） |
| 　有価証券売却益 | （15,000） |
| 　固定資産売却・除却損 | 1,451 |
| 　受取利息 | （55） |
| 　支払利息 | 2,741 |
| 　売掛金の減少 | 1,950 |
| 　棚卸資産の減少 | 624 |
| 　前払費用とその他の流動資産の増加 | （299） |
| 　買掛金の減少 | （5,314） |
| 　その他の流動負債の増加 | 8,609 |
| 　利息支払額 | （2,741） |
| 　利息受領額 | 55 |

| | |
|---|---:|
| 　法人税支払額 | (36,820) |
| 営業活動によるキャッシュ・フロー | 34,820 |
| 　固定資産の購入による支払 | (9,900) |
| 　保証金の支払 | (1,800) |
| 　固定資産売却による手取り金 | 1,000 |
| 　その他有価証券の売却による手取り金 | 45,000 |
| 　その他の投資の購入による支払 | (1,200) |
| 投資活動によるキャッシュ・フロー | 33,100 |
| 　短期借入金の純減 | (11,000) |
| 　長期借入金の返済 | (30,000) |
| 　自己株式の売却による手取り金 | 750 |
| 　配当金の支払 | (4,400) |
| 財務活動によるキャッシュ・フロー | (44,650) |
| 現金および現金同等物の減少 | 23,270 |
| 期首の現金および現金同等物 | 34,224 |
| 期末の現金および現金同等物 | 57,494 |

## E. 2020年4月1日現在の「IFRS連結試算表（財政状態計算書勘定のみ）」（日本基準の連結試算表＋IFRS組替仕訳）

これまでに入手した資料は以下のとおりです。

A. IFRS組替仕訳（2020年4月1日）
B. IFRS組替仕訳（2021年3月31日）
C−1. 2020年4月1日の日本基準の連結試算表
C−2. 2021年3月31日の日本基準の連結試算表
D. 2021年3月31日終了年度の日本基準の連結キャッシュ・フロー計算書

AとBはIFRSと日本基準の差異に関して作成したIFRS組替仕訳であり，CはIFRS財務諸表の作成の基礎となる日本基準の連結試算表で，Dは2021年3月31日終了年度のIFRS連結キャッシュ・フロー計算書の基礎となる日本基準の連結キャッシュ・フロー計算書です。これ以降は，これらを利用してIFRS財務諸表を作成する段階です。

Eでは，「C−1. 2020年4月1日の日本基準の連結試算表」に「A. IFRS組替仕訳（2020年4月1日）」を加えて「2020年4月1日のIFRS連結試算表」を作成します。この「E. 2020年4月1日のIFRS連結試算表」を基礎に，表示する科目の検討をして，「I. 2020年4月1日のIFRS連結財政状態計算書」を作成します。組替株式会社はIFRS初度適用企業であるため，IFRS移行日（2020年4月1日）現在の財政状態計算書が要求されます。また，実務の日本基準の連結試算表の科目数は本書で示した科目数より多いと思われますが，簡易化の観点から本書では意図的に科目数を最小限にしています。

　試算表という概念がない連結キャッシュ・フロー計算書については，「営業活動によるキャッシュ・フロー」以外は数値の変動や追加の開示項目があまりないこと，「営業活動によるキャッシュ・フロー」についても（リース負債の返済を除いて）開示項目の金額の変動はあるものの合計金額が変動しないことから，日本基準の連結キャッシュ・フロー計算書を基礎にIFRS組替仕訳を参考に修正を加えてIFRSの連結キャッシュ・フロー計算書を作成する方法を採

用しています。

　「F．2021年 3 月31日終了年度の IFRS 連結試算表（187ページ参照）」では，2021年 3 月31日現在の財政状態計算書と2021年 3 月31日終了年度の包括利益計算書の双方の表示が要求されるため，財政状態計算書勘定（F － 1 と F － 2 ）と包括利益計算書項目（F － 3 と F － 4 ）に区分して，試算表を示しています。この点が E とは異なります。以下の表の横の欄の数値は，第 5 章での IFRS 組替仕訳の番号です。該当する欄に IFRS 組替仕訳の数値をインプットしています。なお，この IFRS の連結試算表は実際はエクセルを使用して作成します。

　IFRS 組替仕訳が多いため，連結試算表を 2 つに区分して示しています（E － 1 ＆ 2 ）。**太字**は IFRS で新たに生じる科目です。IFRS 組替仕訳の貸借は一致するので，以下の表の各 IFRS 組替仕訳の合計はゼロになります。ゼロにならない場合には，インプットが間違っていることになります。

# E-1 IFRS 組替仕訳 1 ～ 13

借方（貸方）

| | 日本基準 | 1 | 3 | 4 | 5 | 7 |
|---|---|---|---|---|---|---|
| 現金および現金同等物 | 34,224 | | | | | |
| 売掛金 | 130,422 | | | | | |
| 貸倒引当金 | (1,500) | (300) | | | | |
| 棚卸資産 | 64,311 | | | | | |
| 前払費用 | 3,541 | | | | | |
| その他の流動資産 | 8,417 | | | | | |
| 売却目的保有資産 | | | | 1,600 | | |
| 土地 | 15,000 | | | (2,000) | | |
| 建物 | 24,530 | | | (800) | | |
| 機械 | 33,000 | | | | | (1,500) |
| 工具，器具，備品 | 35,100 | | | | | |
| **使用権資産** | | | | | | |
| 減価償却累計額 | (28,199) | | | 410 | 4,899 | |
| 投資有価証券 | 68,000 | | (100) | | | |
| 持分法投資 | 9,700 | | | | | |
| その他の投資 | 5,541 | | | | | |
| のれん | 7,453 | | | | | |
| その他の無形資産 | 44,000 | | | | | |
| 保証金 | 16,400 | | | | | |
| 繰延税金資産－非流動 | 30,160 | 90 | 30 | 237 | (1,470) | 450 |
| 繰延資産 | 80 | | | | | |
| 短期借入金 | (24,000) | | | | | |
| 1年内の長期借入金 | (10,000) | | | | | |
| **1年内のリース負債** | | | | | | |
| 買掛金 | (26,215) | | | | | |
| 前受金 | (12,100) | | | | | |
| 未払法人税等 | (20,010) | | | | | |
| 製品保証引当金 | (100) | | | | | |
| **有給休暇引当金** | | | | | | |
| その他の未払費用 | (3,974) | | | | | |
| その他の流動負債 | (2,524) | | | | | |
| 長期借入金 | (70,000) | | | | | |
| 年金負債 | (30,000) | | | | | |
| **リース負債** | | | | | | |
| 繰延税金負債－非流動 | (250) | | | | | |
| 資本金 | (80,000) | | | | | |
| 資本剰余金 | (80,750) | | | | | |
| 新株予約権 | (50) | | | | | |
| 利益剰余金－期末 | (137,922) | 210 | (16,380) | 553 | (3,429) | 1,050 |
| その他の包括利益累計額 | | | | | | |
| 　　有価証券未実現損益 | (16,450) | | 16,450 | | | |
| 　　為替換算調整勘定 | 1,200 | | | | | |
| 　　数理計算上の差異 | 8,700 | | | | | |
| 非支配持分 | (1,235) | | | | | |
| 自己株式 | 5,500 | | | | | |
| 合計 | 0 | 0 | 0 | 0 | 0 | 0 |

（単位：百万円）

| 8 | 9 | 10 | 11 | 12 | 13 | 小計 |
|---|---|---|---|---|---|---|
|  |  |  |  |  |  | 34,224 |
|  |  |  |  |  |  | 130,422 |
|  |  |  |  |  |  | (1,800) |
|  |  |  |  |  |  | 64,311 |
|  |  |  |  |  |  | 3,541 |
|  |  |  |  |  |  | 8,417 |
|  |  |  |  |  |  | 1,600 |
|  |  |  |  |  |  | 13,000 |
|  |  |  |  |  |  | 23,730 |
|  |  |  |  |  |  | 31,500 |
|  |  |  |  |  |  | 35,100 |
|  | 9,218 |  |  |  |  | 9,218 |
|  |  |  |  |  |  | (22,890) |
|  |  |  |  |  |  | 67,900 |
|  |  |  |  |  |  | 9,700 |
|  |  |  |  |  |  | 5,541 |
|  |  |  |  |  |  | 7,453 |
| 270 |  |  |  |  |  | 44,270 |
|  |  |  |  |  |  | 16,400 |
| (81) |  | 24 | 559 |  | 36 | 30,035 |
|  |  | (80) |  |  |  | 0 |
|  |  |  |  |  |  | (24,000) |
|  |  |  |  |  |  | (10,000) |
|  | (2,236) |  |  |  |  | (2,236) |
|  |  |  |  |  |  | (26,215) |
|  |  |  |  |  |  | (12,100) |
|  |  |  |  |  |  | (20,010) |
|  |  |  |  |  |  | (100) |
|  |  |  | (1,865) |  |  | (1,865) |
|  |  |  |  |  |  | (3,974) |
|  |  |  |  |  |  | (2,524) |
|  |  |  |  |  |  | (70,000) |
|  |  |  |  |  |  | (30,000) |
|  | (6,982) |  |  |  |  | (6,982) |
|  |  |  |  |  |  | (250) |
|  |  |  |  |  |  | (80,000) |
|  |  | 84 |  |  |  | (80,666) |
|  |  |  |  |  |  | (50) |
| (189) |  | (28) | 1,306 | 8,700 | (36) | (146,165) |
|  |  |  |  |  |  | 0 |
|  |  |  |  |  |  | 1,200 |
|  |  |  |  | (8,700) |  | 0 |
|  |  |  |  |  |  | (1,235) |
|  |  |  |  |  |  | 5,500 |
| 0 | 0 | 0 | 0 | 0 | 0 | 0 |

# E-2 IFRS 組替仕訳 14 〜 22

借方（貸方）

| | 小計 | 14 | 17 | 19 | 20 |
|---|---|---|---|---|---|
| 現金および現金同等物 | 34,224 | | | | |
| 売掛金 | 130,422 | | | | |
| 貸倒引当金 | (1,800) | | | | |
| 棚卸資産 | 64,311 | | | | |
| 前払費用 | 3,541 | | | | |
| その他の流動資産 | 8,417 | | | | |
| 売却目的保有資産 | 1,600 | | | | |
| 土地 | 13,000 | | | | |
| 建物 | 23,730 | | | | |
| 機械 | 31,500 | | | | |
| 工具，器具，備品 | 35,100 | | | | |
| **使用権資産** | 9,218 | | | | |
| 減価償却累計額 | (22,890) | | | | |
| 投資有価証券 | 67,900 | | | 70 | |
| 持分法投資 | 9,700 | | | | |
| その他の投資 | 5,541 | | | | |
| のれん | 7,453 | | 167 | | |
| その他の無形資産 | 44,270 | | | | |
| 保証金 | 16,400 | | | | |
| 繰延税金資産－非流動 | 30,035 | | 30 | (21) | |
| 繰延資産 | 0 | | | | |
| 短期借入金 | (24,000) | | | | |
| 1年内の長期借入金 | (10,000) | | | | |
| **1年内のリース負債** | (2,236) | | | | |
| 買掛金 | (26,215) | | | | |
| 前受金 | (12,100) | | | | |
| 未払法人税等 | (20,010) | | | | |
| 製品保証引当金 | (100) | | | | |
| **有給休暇引当金** | (1,865) | | | | |
| その他の未払費用 | (3,974) | | | | |
| その他の流動負債 | (2,524) | | | | |
| 長期借入金 | (70,000) | | | | |
| 年金負債 | (30,000) | | | | |
| **リース負債** | (6,982) | | | | |
| 繰延税金負債－非流動 | (250) | | | | |
| 資本金 | (80,000) | | | | |
| 資本剰余金 | (80,666) | (50) | | | |
| 新株予約権 | (50) | 50 | | | |
| 利益剰余金－期首 | (146,165) | | (44) | (49) | (200) |
| その他の包括利益累計額 | | | | | |
| 　有価証券未実現損益 | 0 | | | | |
| 　為替換算調整勘定 | 1,200 | | | | |
| 　数理計算上の差異 | 0 | | | | |
| 非支配持分 | (1,235) | | (153) | | 200 |
| 自己株式 | 5,500 | | | | |
| 合計 | 0 | 0 | 0 | 0 | 0 |

（単位：百万円）

| 21 | 22 | IFRS |
|---:|---:|---:|
| | | 34,224 |
| | | 130,422 |
| | | (1,800) |
| | | 64,311 |
| | | 3,541 |
| | (200) | 8,217 |
| | | 1,600 |
| | | 13,000 |
| | | 23,730 |
| | | 31,500 |
| | | 35,100 |
| | | 9,218 |
| | | (22,890) |
| | | 67,970 |
| | | 9,700 |
| | | 5,541 |
| | | 7,620 |
| | | 44,270 |
| | | 16,400 |
| | 60 | 30,104 |
| | | 0 |
| | | (24,000) |
| | | (10,000) |
| | | (2,236) |
| | | (26,215) |
| | | (12,100) |
| | | (20,010) |
| | | (100) |
| | | (1,865) |
| | | (3,974) |
| | | (2,524) |
| | | (70,000) |
| | | (30,000) |
| | | (6,982) |
| | | (250) |
| | | (80,000) |
| | | (80,716) |
| | | 0 |
| 1,200 | 140 | (145,118) |
| | | 0 |
| (1,200) | | 0 |
| | | 0 |
| | | (1,188) |
| | | 5,500 |
| 0 | 0 | 0 |

186

---

### COLUMN IFRS の財務諸表の注記について

#### 1．IFRS に従った完全な一組の財務諸表

3 ページの(e)で「注記，重要な会計方針とその他の説明の情報」として示したように，IFRS の財務諸表の注記は「IFRS に従った完全な一組の財務諸表」に含まれます。

注記すべき内容は，各 IFRS 基準書で規定されていますが，注記は，財務諸表本体と明確に区分され，「期末日の情報」と「期間の情報」のいずれの情報かを示すことが要求されます。

#### 2．提供される注記

注記は表示されている財務諸表について提供されることになるので，IFRS 初度適用企業である組替株式会社の場合，2020 年 4 月 1 日現在，2021 年 3 月31 日現在，2022 年 3 月 31 日現在，2021 年 3 月 31 日に終了する年度，2022 年 3 月31 日に終了する年度に関連する情報が注記の対象となります。

#### 3．注記の概要

注記は，以下を表示または提供します。

(a) 財務諸表の作成の基礎および使用した具体的な会計方針に関する情報。

(b) IFRS で要求している情報のうち，財務諸表のどこにも表示されていない情報。

(c) 財務諸表のどこにも表示されていないが，財務諸表の理解に関連性のある情報。

また，企業は，実務上可能な限り，注記を体系的な方法で記載しなければなりません。企業は，財政状態計算書，純損益及びその他の包括利益計算書，持分変動計算書，およびキャッシュ・フロー計算書の各項目を，注記における関連情報と相互参照します。

#### 4．注記の順序

通常の注記の順序は以下のとおりです。

(a) IFRS に準拠している旨の記述

(b) 適用している重要な会計方針の要約

(c) 財政状態計算書，純損益及びその他の包括利益計算書，持分変動計算書およびキャッシュ・フロー計算書に表示した項目についての裏付けとなる情報（各計算書および各表示項目が表示されている順序で）

(d) その他の開示事項（偶発負債，未認識の契約上のコミットメント，非財務開示事項（例えば，企業の財務リスク管理目標および方針）を含む）

#### 5．日本基準の注記との比較

日本基準と比較した場合の IFRS の注記の特徴は，以下のとおりです。

(a) 日本基準の注記より IFRS の注記のほうが量が多い（日本基準では要求されていない開示要求がある）。

(b) IFRS では，増減表の開示が多い（有形固定資産，無形資産（のれんを含む），引当金など）

## Ｆ．2021年３月31日終了年度の「IFRS連結試算表」（日本基準の連結試算表＋IFRS組替仕訳）

　入手した2021年３月31日の日本基準の試算表（Ｃ－２）にIFRS組替仕訳（2021年３月31日終了年度）（Ｂ）を加えてIFRSの2021年３月31日終了年度の連結試算表を作成します。以下の表の横の欄の数値は，第５章でのIFRS組替仕訳の番号です。該当する欄にIFRS組替仕訳の数値をインプットします。なお，このIFRSの連結試算表もエクセルを使用して作成します。IFRS組替仕訳が多いため，連結試算表を２つに区分して示しており，また，「財政状態計算書勘定」（Ｆ－１＆２）と「包括利益計算書勘定」に区分しています（Ｆ－３＆４）。以下の連結試算表では，Ｃ－２の日本基準の連結試算表に以下の修正を加えています。

①　Ｃ－２では「財政状態計算書勘定」に含まれていた「利益剰余金－期首」と「支払配当」を「包括利益計算書勘定」の最後に移動させる。

②　「包括利益計算書勘定」では，移動させた「利益剰余金－期首」と「支払配当」とその他の「包括利益計算書勘定」の合計（当期純利益）の合計を「利益剰余金－期末」とする。

③　「利益剰余金－期末」を「財政状態計算書勘定」の以前の「利益剰余金－期首」の部分に転記する。

**太字**はIFRSで新たに生じる科目です。

# Ｆ－１　IFRS 組替仕訳 1 ～ 13（財政状態計算書勘定）

借方（貸方）

| | 日本基準 | 1 | 2 | 3 | 4 | 5 |
|---|---|---|---|---|---|---|
| 現金および現金同等物 | 57,494 | | | | | |
| 売掛金 | 128,273 | | | | | |
| 貸倒引当金 | (1,800) | 200 | | | | |
| 棚卸資産 | 63,527 | | 60 | | | |
| 前払費用 | 2,715 | | | | | |
| **非継続事業の資産** | | | | | | |
| その他の流動資産 | 9,542 | | | | | |
| 土地 | 13,000 | | | | | |
| 建物 | 23,580 | | | | | |
| 機械 | 35,000 | | | | | |
| 工具，器具，備品 | 38,652 | | | | | |
| 建設仮勘定 | 4,000 | | | | | |
| **使用権資産** | | | | | | |
| 減価償却累計額 | (30,537) | | | | | 4,377 |
| 投資有価証券 | 27,000 | | | (150) | | |
| 持分法投資 | 10,000 | | | | | |
| その他の投資 | 6,741 | | | | | |
| のれん | 5,596 | | | | | |
| その他の無形資産 | 42,000 | | | | | |
| 保証金 | 15,400 | | | | | |
| 繰延税金資産 – 非流動 | 36,712 | (60) | (18) | 45 | | (1,313) |
| 繰延資産 | 20 | | | | | |
| 短期借入金 | (13,000) | | | | | |
| 1 年内の長期借入金 | (10,000) | | | | | |
| **1年内のリース負債** | | | | | | |
| 買掛金 | (20,750) | | | | | |
| 前受金 | (10,050) | | | | | |
| 未払法人税等 | (18,810) | | | | | |
| 製品保証引当金 | (120) | | | | | |
| **有給休暇引当金** | | | | | | |
| その他の未払費用 | (10,100) | | | | | |
| その他の流動負債 | (6,425) | | | | | |
| 長期借入金 | (40,000) | | | | | |
| 修繕引当金 | (1,500) | | | | | |
| 年金負債 | (30,500) | | | | | |
| **リース負債** | | | | | | |
| 繰延税金負債 – 非流動 | (350) | | | | | |
| 資本金 | (80,000) | | | | | |
| 資本剰余金 | (81,000) | | | | | |
| 利益剰余金 – 期末 | (166,732) | (140) | (42) | (10,745) | 0 | (3,064) |
| その他の包括利益累計額 | | | | | | |
| 　有価証券未実現損益 | (10,850) | | | 10,850 | | |
| 　為替換算調整勘定 | 1,400 | | | | | |
| 　数理計算上の差異 | 8,657 | | | | | |
| 非支配持分 | (1,785) | | | | | |
| 自己株式 | 5,000 | | | | | |
| 合計 | 0 | 0 | 0 | 0 | 0 | 0 |

（単位：百万円）

| 6 | 7 | 8 | 9 | 10 | 11 | 12 | 13 | 小計 |
|---|---|---|---|---|---|---|---|---|
|  |  |  |  |  |  |  |  | 57,494 |
|  |  |  |  |  |  |  |  | 128,273 |
|  |  |  |  |  |  |  |  | (1,600) |
|  |  |  |  |  |  |  |  | 63,587 |
|  |  |  |  |  |  |  |  | 2,715 |
|  |  |  |  |  |  |  |  | 0 |
|  |  |  |  |  |  |  |  | 9,542 |
|  |  |  |  |  |  |  |  | 13,000 |
|  |  |  |  |  |  |  |  | 23,580 |
|  |  |  |  |  |  |  |  | 35,000 |
|  |  |  |  |  |  |  |  | 38,652 |
|  |  |  |  |  |  |  |  | 4,000 |
|  |  |  | 6,913 |  |  |  |  | 6,913 |
| (1,534) |  |  |  |  |  |  |  | (27,694) |
|  |  |  |  |  |  |  |  | 26,850 |
|  |  |  |  |  |  |  |  | 10,000 |
|  |  |  |  |  |  |  |  | 6,741 |
|  |  |  |  |  |  |  |  | 5,596 |
|  |  | 210 |  |  |  |  |  | 42,210 |
|  |  |  |  |  |  |  |  | 15,400 |
| 10 |  | (63) | 21 | 6 | 570 |  | 45 | 35,955 |
|  |  |  |  | (20) |  |  |  | 0 |
|  |  |  |  |  |  |  |  | (13,000) |
|  |  |  |  |  |  |  |  | (10,000) |
|  |  |  | (2,281) |  |  |  |  | (2,281) |
|  |  |  |  |  |  |  |  | (20,750) |
|  |  |  |  |  |  |  |  | (10,050) |
|  |  |  |  |  |  |  |  | (18,810) |
|  |  |  |  |  |  |  |  | (120) |
|  |  |  |  |  | (1,901) |  |  | (1,901) |
|  |  |  |  |  |  |  |  | (10,100) |
|  |  |  |  |  |  |  |  | (6,425) |
|  |  |  |  |  |  |  |  | (40,000) |
| 1,500 |  |  |  |  |  |  |  | 0 |
|  |  |  |  |  |  |  |  | (30,500) |
|  |  |  | (4,701) |  |  |  |  | (4,701) |
|  |  |  |  |  |  |  |  | (350) |
|  |  |  |  |  |  |  |  | (80,000) |
|  |  |  |  | 84 |  |  |  | (80,916) |
| 24 | 0 | (147) | 48 | (70) | 1,331 | 8,657 | (45) | (170,925) |
|  |  |  |  |  |  |  |  | 0 |
|  |  |  |  |  |  |  |  | 1,400 |
|  |  |  |  |  |  | (8,657) |  | 0 |
|  |  |  |  |  |  |  |  | (1,785) |
|  |  |  |  |  |  |  |  | 5,000 |
| 0 | 0 | 0 | 0 | 0 | 0 | 0 | 0 | 0 |

# F－2　IFRS 組替仕訳 14 ～ 23（財政状態計算書勘定）

| | 小計 | 14 | 15 | 16 | 17 | 18 |
|---|---|---|---|---|---|---|
| 現金および現金同等物 | 57,494 | | | | | |
| 売掛金 | 128,273 | | | | | |
| 貸倒引当金 | (1,600) | | | | | |
| 棚卸資産 | 63,587 | | | | | |
| 前払費用 | 2,715 | | | | | |
| **非継続事業の資産** | 0 | | | 225 | | |
| その他の流動資産 | 9,542 | | | | | |
| 土地 | 13,000 | | | (100) | | |
| 建物 | 23,580 | | | (50) | | |
| 機械 | 35,000 | | | | | |
| 工具，器具，備品 | 38,652 | | | (30) | | |
| 建設仮勘定 | 4,000 | | 38 | | | |
| **使用権資産** | 6,913 | | | | | |
| 減価償却累計額 | (27,694) | | | 15 | | |
| 投資有価証券 | 26,850 | | | | | |
| 持分法投資 | 10,000 | | | | | |
| その他の投資 | 6,741 | | | (10) | | |
| のれん | 5,596 | | | | 224 | 1,800 |
| その他の無形資産 | 42,210 | | | (20) | | |
| 保証金 | 15,400 | | | | | |
| 繰延税金資産－非流動 | 35,955 | | (11) | (30) | 30 | |
| 繰延資産 | 0 | | | | | |
| 短期借入金 | (13,000) | | | | | |
| 1 年内の長期借入金 | (10,000) | | | | | |
| **1年内のリース負債** | (2,281) | | | | | |
| 買掛金 | (20,750) | | | | | |
| 前受金 | (10,050) | | | | | |
| 未払法人税等 | (18,810) | | | | | |
| 製品保証引当金 | (120) | | | | | |
| **有給休暇引当金** | (1,901) | | | | | |
| その他の未払費用 | (10,100) | | | | | |
| その他の流動負債 | (6,425) | | | | | |
| 長期借入金 | (40,000) | | | | | |
| 修繕引当金 | 0 | | | | | |
| 年金負債 | (30,500) | | | | | |
| **リース負債** | (4,701) | | | | | |
| 繰延税金負債－非流動 | (350) | | | | | |
| 資本金 | (80,000) | | | | | |
| 資本剰余金 | (80,916) | | | | | |
| 新株予約権 | 0 | | | | | |
| 利益剰余金－期末 | (170,925) | 0 | (27) | 0 | (101) | (1,800) |
| その他の包括利益累計額 | | | | | | |
| 　有価証券未実現損益 | 0 | | | | | |
| 　為替換算調整勘定 | 1,400 | | | | | |
| 　数理計算上の差異 | 0 | | | | | |
| 非支配持分 | (1,785) | | | (153) | | |
| 自己株式 | 5,000 | | | | | |
| 合計 | 0 | 0 | 0 | 0 | 0 | 0 |

（単位：百万円）

| 19 | 20 | 21 | 22 | 23 | IFRS |
|---|---|---|---|---|---|
| | | | | | 57,494 |
| | | | | | 128,273 |
| | | | | | (1,600) |
| | | | | | 63,587 |
| | | | | | 2,715 |
| | | | | | 225 |
| | | | | | 9,542 |
| | | | | | 12,900 |
| | | | | | 23,530 |
| | | | | | 35,000 |
| | | | | | 38,622 |
| | | | | | 4,038 |
| | | | | | 6,913 |
| | | | | | (27,679) |
| 70 | | | | | 26,920 |
| | | | | | 10,000 |
| | | | | | 6,731 |
| | | | | | 7,620 |
| | | | | | 42,190 |
| | | | | | 15,400 |
| (21) | | | 90 | | 36,013 |
| | | | | | 0 |
| | | | | | (13,000) |
| | | | | | (10,000) |
| | | | | | (2,281) |
| | | | | | (20,750) |
| | | | | | (10,050) |
| | | | | | (18,810) |
| | | | | | (120) |
| | | | | | (1,901) |
| | | | | | (10,100) |
| | | | (300) | | (6,725) |
| | | | | | (40,000) |
| | | | | | 0 |
| | | | | | (30,500) |
| | | | | | (4,701) |
| | | | | | (350) |
| | | | | | (80,000) |
| | | | | | (80,916) |
| | | | | | 0 |
| (49) | (50) | 1,200 | 210 | 0 | (171,542) |
| | | | | | |
| | | | | | 0 |
| | | (1,200) | | | 200 |
| | | | | | 0 |
| | 50 | | | | (1,888) |
| | | | | | 5,000 |
| 0 | 0 | 0 | 0 | 0 | 0 |

## F－3　IFRS 組替仕訳 1 ～ 13（包括利益計算書勘定）

**太字**は IFRS で新たに生じる科目です。

借方（貸方）

| | 日本基準 | 1 | 2 | 3 | 4 | 5 | 6 |
|---|---|---|---|---|---|---|---|
| 売上高 | (462,867) | | | | | | |
| 売上原価 | 234,335 | | (60) | | | 100 | 1,534 |
| 開発費 | 5,100 | | | | | | |
| 販売費および一般管理費 | 138,649 | (500) | | | (20) | | (1,500) |
| のれんの償却 | 1,857 | | | | | | |
| 無形資産の償却 | 19,000 | | | | | | |
| 受取利息 | (55) | | | | | | |
| 有価証券売却益 | (15,000) | | | 15,000 | | | |
| 為替差損益 | (31) | | | | | | |
| 支払利息 | 2,741 | | | | | | |
| 投資の評価損 | 10,500 | | | (3,000) | | | |
| **減損戻入益** | | | | | | | |
| 新株引受権戻し益 | (50) | | | | | | |
| 固定資産の売却・除却損 | 1,451 | | | | (770) | 422 | |
| 持分法損益 | (500) | | | | | | |
| 当期税金費用 | 35,620 | | | (4,500) | | | |
| 繰延税金費用 | (4,520) | 150 | 18 | 900 | 237 | (157) | (10) |
| **非継続事業からの損失** | | | | | | | |
| 当期純利益 | (33,770) | (350) | (42) | 8,400 | (553) | 365 | 24 |
| 非支配持分に帰属する損益 | 560 | | | | | | |
| 利益剰余金－期首 | (137,922) | 210 | | (16,380) | 553 | (3,429) | |
| **AOCI からの振替** | | | | (2,765) | | | |
| **その他の増減** | | | | | | | |
| 支払配当 | 4,400 | | | | | | |
| 利益剰余金－期末 | (166,732) | (140) | (42) | (10,745) | 0 | (3,064) | 24 |

| 仕訳の合計<sup>(注)</sup> | | 0 | 0 | 0 | 0 | 0 | 0 |
|---|---|---|---|---|---|---|---|

（注）　上記のF－3の「当期純利益」と「利益剰余金－期末」とF－1の「利益剰余金－期末」
を除く，各 IFRS 組替仕訳の転記の借方と貸方の合計が純額でゼロであることを検証す
るための行です。

（単位：百万円）

| 7 | 8 | 9 | 10 | 11 | 12 | 13 | 小計 |
|---|---|---|---|---|---|---|---|
| | | | | | | | (462,867) |
| | | | | 24 | (376) | | 234,023 |
| | | | | | | | 5,100 |
| (300) | 60 | (95) | (60) | 12 | (188) | | 137,592 |
| | | | | | | | 1,857 |
| | | | | | | | 19,000 |
| | | | | | | | (55) |
| | | | | | | | 0 |
| | | | | | | | (31) |
| | | 164 | | | | | 2,905 |
| | | | | | | | 7,500 |
| (1,200) | | | | | | | (1,200) |
| | | | | | | | (50) |
| | | | | | | | 1,103 |
| | | | | | | | (500) |
| | | | | | | | 31,120 |
| 450 | (18) | (21) | 18 | (11) | 170 | (9) | (2,803) |
| | | | | | | | 0 |
| (1,050) | 42 | 48 | (42) | 25 | (394) | (9) | (27,306) |
| | | | | | | | 560 |
| 1,050 | (189) | | (28) | 1,306 | 8,700 | (36) | (146,165) |
| | | | | | 351 | | (2,414) |
| | | | | | | | 0 |
| | | | | | | | 4,400 |
| 0 | (147) | 48 | (70) | 1,331 | 8,657 | (45) | (170,925) |

| | | | | | | |
|---|---|---|---|---|---|---|
| 0 | 0 | 0 | 0 | 0 | 0 | 0 |

## F－4　IFRS 組替仕訳 14 ～ 23（包括利益計算書勘定）

| | 小計 | 14 | 15 | 16 | 17 | 18 |
|---|---|---|---|---|---|---|
| 売上高 | (462,867) | | | 3,000 | | |
| 売上原価 | 234,023 | | | (2,800) | | |
| 開発費 | 5,100 | | | | | |
| 販売費および一般管理費 | 137,592 | | | (400) | | |
| のれんの償却 | 1,857 | | | | (57) | (1,800) |
| 無形資産の償却 | 19,000 | | | | | |
| 受取利息 | (55) | | | | | |
| 有価証券売却益 | 0 | | | | | |
| 為替差損益 | (31) | | | | | |
| 支払利息 | 2,905 | | (38) | | | |
| 投資の評価損 | 7,500 | | | | | |
| **減損戻入益** | (1,200) | | | | | |
| 新株引受権戻し益 | (50) | 50 | | | | |
| 固定資産の売却・除却損 | 1,103 | | | | | |
| 持分法損益 | (500) | | | | | |
| 当期税金費用 | 31,120 | | | 20 | | |
| 繰延税金費用 | (2,803) | | 11 | | | |
| **非継続事業からの損失** | 0 | | | 180 | | |
| 当期純利益 | (27,306) | 50 | (27) | 0 | (57) | (1,800) |
| 非支配持分に帰属する損益 | 560 | | | | | |
| 利益剰余金 - 期首 | (146,165) | | | | (44) | |
| **AOCI からの振替** | (2,414) | | | | | |
| **その他の増減** | 0 | (50) | | | | |
| 支払配当 | 4,400 | | | | | |
| 利益剰余金 - 期末 | (170,925) | 0 | (27) | 0 | (101) | (1,800) |

| 仕訳の合計 | | 0 | 0 | 0 | 0 | 0 |
|---|---|---|---|---|---|---|

（単位：百万円）

| 19 | 20 | 21 | 22 | 23 | IFRS |
|---|---|---|---|---|---|
| | | | | | (459,867) |
| | | | | | 231,223 |
| | | | | | 5,100 |
| | | | | 18,903 | 156,095 |
| | | | | | 0 |
| | | | | (19,000) | 0 |
| | | | | | (55) |
| | | | | | 0 |
| | | | | 100 | 69 |
| | | | | | 2,867 |
| | | | | | 7,500 |
| | | | | 1,200 | 0 |
| | | | | | 0 |
| | | | | (1,103) | 0 |
| | | | | | (500) |
| | | | | | 31,140 |
| | | | | (30) | (2,822) |
| | | | | | 180 |
| 0 | 0 | 0 | 70 | 0 | (29,070) |
| | 150 | | | | 710 |
| (49) | (200) | 1,200 | 140 | | (145,118) |
| | | | | | (2,414) |
| | | | | | (50) |
| | | | | | 4,400 |
| (49) | (50) | 1,200 | 210 | 0 | (171,542) |

| 0 | 0 | 0 | 0 | 0 | |

## G．2021年 3 月31日終了年度の IFRS の利益剰余金調整表

　　F の IFRS の連結試算表の数値から作成した表です。

（単位：百万円）

| | 利益剰余金－期首 | 税前利益 (2) | 法人税(1) | 非継続事業からの損失 | 当期純利益（当期利益） | 非支配持分に帰属する損益 | AOCIからの振替 | その他の増減 | 支払配当 | 利益剰余金－期末 | (1)/(2) ③ |
|---|---|---|---|---|---|---|---|---|---|---|---|
| 日本基準① | 137,922 | 64,870 | 31,100 | | 33,770 | (560) | | | (4,400) | 166,732 | |
| 組替仕訳 | | | | | | | | | | | |
| 1 | (210) | 500 | 150 | | 350 | | | | | 140 | 30.0% |
| 2 | 0 | 60 | 18 | | 42 | | | | | 42 | 30.0% |
| 3 | 16,380 | (12,000) | (3,600) | | (8,400) | | 2,765 | | | 10,745 | 30.0% |
| 4 | (553) | 790 | 237 | | 553 | | | | | 0 | 30.0% |
| 5 | 3,429 | (522) | (157) | | (365) | | | | | 3,064 | 30.1% |
| 6 | 0 | (34) | (10) | | (24) | | | | | (24) | 29.4% |
| 7 | (1,050) | 1,500 | 450 | | 1,050 | | | | | 0 | 30.0% |
| 8 | 189 | (60) | (18) | | (42) | | | | | 147 | 30.0% |
| 9 | 0 | (69) | (21) | | (48) | | | | | (48) | 30.4% |
| 10 | 28 | 60 | 18 | | 42 | | | | | 70 | 30.0% |
| 11 | (1,306) | (36) | (11) | | (25) | | | | | (1,331) | 30.6% |
| 12 | (8,700) | 564 | 170 | | 394 | | (351) | | | (8,657) | 30.1% |
| 13 | 36 | 0 | (9) | | 9 | | | | | 45 | － |
| 14 | 0 | (50) | 0 | | (50) | | | 50 | | 0 | － |
| 15 | 0 | 38 | 11 | | 27 | | | | | 27 | 28.9% |
| 16 | 0 | 200 | 20 | (180) | 0 | | | | | 0 | 10.0% |
| 17 | 44 | 57 | 0 | | 57 | | | | | 101 | － |
| 18 | 0 | 1,800 | 0 | | 1,800 | | | | | 1,800 | － |
| 19 | 49 | 0 | 0 | | 0 | | | | | 49 | － |
| 20 | 200 | 0 | 0 | | 0 | (150) | | | | 50 | － |
| 21 | (1,200) | 0 | 0 | | 0 | | | | | (1,200) | － |
| 22 | (140) | (100) | (30) | | (70) | | | | | (210) | 30.0% |
| 仕訳合計 | 7,196 | (7,302) | (2,782) | (180) | (4,700) | (150) | 2,414 | 50 | 0 | 4,810 | |
| IFRS ② | 145,118 | 57,568 | 28,318 | (180) | 29,070 | (710) | 2,414 | 50 | (4,400) | 171,542 | |

①　F－3 の日本基準の数値と一致させます。
②　F－4 の IFRS の数値と一致させます。
③　計算された割合が，実効税率である30％に近似しない場合には，その理由を明確にします。また，法人税がゼロの IFRS 組替仕訳の場合はそれが妥当かどうかを検討します。

## H．2021年 3 月31日終了年度の「日本基準の連結キャッシュ・フロー計算書」から「IFRS 連結キャッシュ・フロー計算書」を作成する表

　入手した日本基準の連結キャッシュ・フロー計算書（D）に IFRS 組替仕訳に関連する修正を加えて，IFRS の連結キャッシュ・フロー計算書を作成します。IFRS 組替仕訳が多いため，連結試算表を 2 つ（H－ 1 ＆ 2 ）に区分して示しています。**太字**は IFRS で新たに生じる科目です。

# H−1 IFRS組替仕訳 1 ～ 12

| | 日本基準 | 1 | 2 | 3 | 4 | 5 |
|---|---|---|---|---|---|---|
| 当期純利益（継続事業からの利益） | 33,770 | 350 | 42 | (8,400) | 553 | (365) |
| 非継続事業の税引前損失 | | | | | | |
| 調整 | | | | | | |
| 減価償却 | 4,800 | | | | (20) | 100 |
| 無形資産の償却 | 3,000 | | | | | |
| のれんの償却 | 1,857 | | | | | |
| 繰延資産の償却 | 60 | | | | | |
| **使用権資産の償却** | | | | | | |
| 配当金控除後の持分法損益 | (300) | | | | | |
| 繰延税金費用 | (4,520) | 150 | 18 | 900 | 237 | (157) |
| 当期税金費用 | 35,620 | | | (4,500) | | |
| 拠出金控除後の年金費用 | 562 | | | | | |
| 貸倒引当金繰入（戻入れ） | 300 | (500) | | | | |
| 修繕引当金繰入 | 1,500 | | | | | |
| その他引当金繰入 | 20 | | | | | |
| 市場性のある有価証券の評価損 | 3,000 | | | (3,000) | | |
| 新株引受権戻し益 | (50) | | | | | |
| **減損戻入益** | | | | | | |
| 有価証券売却益 | (15,000) | | | 15,000 | | |
| 固定資産売却・除却損 | 1,451 | | | | (770) | 422 |
| 受取利息 | (55) | | | | | |
| 支払利息 | 2,741 | | | | | |
| 売掛金の減少 | 1,950 | | | | | |
| 棚卸資産の減少 | 624 | | (60) | | | |
| 前払費用とその他の流動資産の増加 | (299) | | | | | |
| 買掛金の減少 | (5,314) | | | | | |
| その他の流動負債の増加 | 8,609 | | | | | |
| 利息支払額 | (2,741) | | | | | |
| 利息受領額 | 55 | | | | | |
| 法人税支払額 | (36,820) | | | | | |
| 営業活動によるキャッシュ・フロー | 34,820 | 0 | 0 | 0 | 0 | 0 |
| 固定資産の購入による支払 | (9,900) | | | | | |
| 保証金の支払 | (1,800) | | | | | |
| 固定資産売却による手取り金 | 1,000 | | | | | |
| その他の有価証券の売却による手取り金 | 45,000 | | | | | |
| その他の投資の購入による支払 | (1,200) | | | | | |
| 投資活動によるキャッシュ・フロー | 33,100 | 0 | 0 | 0 | 0 | 0 |
| 短期借入金の純減 | (11,000) | | | | | |
| 長期借入金の返済 | (30,000) | | | | | |
| **リース負債の返済** | | | | | | |
| 自己株式の売却による手取り金 | 750 | | | | | |
| 配当金の支払 | (4,400) | | | | | |
| 財務活動によるキャッシュ・フロー | (44,650) | 0 | 0 | 0 | 0 | 0 |
| 現金および現金同等物の減少 | 23,270 | 0 | 0 | 0 | 0 | 0 |
| 期首の現金および現金同等物 | 34,224 | | | | | |
| 期末の現金および現金同等物 | 57,494 | | | | | |

（単位：百万円）

| 6 | 7 | 8 | 9 | 10 | 11 | 12 | 小計 |
|---|---|---|---|---|---|---|---|
| (24) | 1,050 | (42) | (48) | 42 | (25) | 394 | 27,297 |
| 1,534 | (300) | | | | | | 6,114 |
| | | 60 | | | | | 3,060 |
| | | | | | | | 1,857 |
| | | | | (60) | | | 0 |
| | | | 2,305 | | | | 2,305 |
| | | | | | | | (300) |
| (10) | 450 | (18) | (21) | 18 | (11) | 170 | (2,794) |
| | | | | | | | 31,120 |
| | | | | | (564) | | (2) |
| | | | | | | | (200) |
| (1,500) | | | | | | | 0 |
| | | | | | 36 | | 56 |
| | | | | | | | 0 |
| | | | | | | | (50) |
| | (1,200) | | | | | | (1,200) |
| | | | | | | | 0 |
| | | | | | | | 1,103 |
| | | | | | | | (55) |
| | | | 164 | | | | 2,905 |
| | | | | | | | 1,950 |
| | | | | | | | 564 |
| | | | | | | | (299) |
| | | | | | | | (5,314) |
| | | | | | | | 8,609 |
| | | | (164) | | | | (2,905) |
| | | | | | | | 55 |
| | | | | | | | (36,820) |
| 0 | 0 | 0 | 2,236 | 0 | 0 | 0 | 37,056 |
| | | | | | | | (9,900) |
| | | | | | | | (1,800) |
| | | | | | | | 1,000 |
| | | | | | | | 45,000 |
| | | | | | | | (1,200) |
| 0 | 0 | 0 | 0 | 0 | 0 | 0 | 33,100 |
| | | | | | | | (11,000) |
| | | | | | | | (30,000) |
| | | | (2,236) | | | | (2,236) |
| | | | | | | | 750 |
| | | | | | | | (4,400) |
| 0 | 0 | 0 | (2,236) | 0 | 0 | 0 | (46,886) |
| 0 | 0 | 0 | 0 | 0 | 0 | 0 | 23,270 |

# H-2　IFRS 組替仕訳 13 〜 22

| | 小計 | 13 | 14 | 15 |
|---|---:|---:|---:|---:|
| 当期純利益（継続事業からの利益） | 27,297 | 9 | (50) | 27 |
| 非継続事業の税引前損失 | | | | |
| 調整 | | | | |
| 減価償却 | 6,114 | | | |
| 無形資産の償却 | 3,060 | | | |
| のれんの償却 | 1,857 | | | |
| 繰延資産の償却 | 0 | | | |
| **使用権資産の償却** | 2,305 | | | |
| 配当金控除後の持分法損益 | (300) | | | |
| 繰延税金費用 | (2,794) | (9) | | 11 |
| 当期税金費用 | 31,120 | | | |
| 拠出金控除後の年金費用 | (2) | | | |
| 貸倒引当金繰入（戻入れ） | (200) | | | |
| 修繕引当金繰入 | 0 | | | |
| その他引当金繰入 | 56 | | | |
| 市場性のある有価証券の評価損 | 0 | | | |
| 新株引受権戻し益 | (50) | | 50 | |
| **減損戻入益** | (1,200) | | | |
| 有価証券売却益 | 0 | | | |
| 固定資産売却・除却損 | 1,103 | | | |
| 受取利息 | (55) | | | |
| 支払利息 | 2,905 | | | (38) |
| 売掛金の減少 | 1,950 | | | |
| 棚卸資産の減少 | 564 | | | |
| 前払費用とその他の流動資産の増加 | (299) | | | |
| 買掛金の減少 | (5,314) | | | |
| その他の流動負債の増加 | 8,609 | | | |
| 利息支払額 | (2,905) | | | |
| 利息受領額 | 55 | | | |
| 法人税支払額 | (36,820) | | | |
| 営業活動によるキャッシュ・フロー | 37,056 | 0 | 0 | 0 |
| 固定資産の購入による支払 | (9,900) | | | |
| 保証金の支払 | (1,800) | | | |
| 固定資産売却による手取り金 | 1,000 | | | |
| その他の有価証券の売却による手取り金 | 45,000 | | | |
| その他の投資の購入による支払 | (1,200) | | | |
| 投資活動によるキャッシュ・フロー | 33,100 | 0 | 0 | 0 |
| 短期借入金の純減 | (11,000) | | | |
| 長期借入金の返済 | (30,000) | | | |
| **リース負債の返済** | (2,236) | | | |
| 自己株式の売却による手取り金 | 750 | | | |
| 配当金の支払 | (4,400) | | | |
| 財務活動によるキャッシュ・フロー | (46,886) | 0 | 0 | 0 |
| 現金および現金同等物の減少 | 23,270 | 0 | 0 | 0 |
| 期首の現金および現金同等物 | | | | |
| 期末の現金および現金同等物 | | | | |

① 　非継続事業の営業活動，投資活動，財務活動のキャッシュ・フローについては，注記とキャッシュ・フロー計算書の本体のいずれかでの開示が要求されています（IFRS5.33(c)）。組替株式会社は，キャッシュ・フロー計算書の本体では，「非継続事業からの税引前損失」を開示し，注記で３つの活動のキャッシュ・フローを開示しています。なお，注記での開示はここでは紹介しません。

（単位：百万円）

| 16（①） | 17 | 18 | 22 | IFRS | |
|---|---|---|---|---|---|
| 180 | 57 | 1,800 | (70) | 29,250 | ② |
| (200) | | | | (200) | |
| | | | | 6,114 | |
| | | | | 3,060 | |
| | (57) | (1,800) | | 0 | ③ |
| | | | | 0 | |
| | | | | 2,305 | |
| | | | | (300) | |
| | | | (30) | (2,822) | ④ |
| 20 | | | | 31,140 | ⑤ |
| | | | | (2) | |
| | | | | (200) | |
| | | | | 0 | |
| | | | | 56 | |
| | | | | 0 | |
| | | | | 0 | |
| | | | | (1,200) | |
| | | | | 0 | |
| | | | | 1,103 | |
| | | | | (55) | |
| | | | | 2,867 | |
| | | | | 1,950 | |
| | | | | 564 | |
| | | | 100 | (199) | |
| | | | | (5,314) | |
| | | | | 8,609 | |
| | | | | (2,905) | |
| | | | | 55 | |
| | | | | (36,820) | |
| 0 | 0 | 0 | 0 | 37,056 | |
| | | | | (9,900) | |
| | | | | (1,800) | |
| | | | | 1,000 | |
| | | | | 45,000 | |
| | | | | (1,200) | |
| 0 | 0 | 0 | 0 | 33,100 | |
| | | | | (11,000) | |
| | | | | (30,000) | |
| | | | | (2,236) | |
| | | | | 750 | |
| | | | | (4,400) | |
| 0 | 0 | 0 | 0 | (46,886) | |
| 0 | 0 | 0 | 0 | 23,270 | |
| | | | | 34,224 | |
| | | | | 57,494 | |

② 　Ｇの「税前利益（57,568百万円）−法人税（28,318百万円）」と一致させます。
③ 　のれんの償却はゼロであることを確かめます。
④ 　Ｆ−４の「繰延税金費用」に一致させます。
⑤ 　Ｆ−４の「当期税金費用」に一致させます。

# Ⅰ．2020年4月1日現在の「IFRS 連結財政状態計算書」

　IFRS の連結試算表（E）から2020年4月1日（IFRS 移行日）現在の IFRS 連結財政状態計算書を作成します。IFRS では財政状態計算書の表示方法を特に規定していませんが，組替株式会社は，日本基準と同様に流動性配列法（流動性が高い順に表示する方法）を選択しています。

[IFRS 連結財政状態計算書（2020年4月1日現在）]　　　　　　　（単位：百万円）

| 流動資産 | | 流動負債 | |
|---|---|---|---|
| 現金および現金同等物 | 34,224 | 短期借入金 | 24,000 |
| 売掛金（貸倒引当金控除後） | 128,622 | 1年内返済予定長期借入金 | 10,000 |
| 棚卸資産 | 64,311 | 1年内返済予定リース負債 | 2,236 |
| その他の流動資産 | 11,758 | 買掛金 | 26,215 |
| 売却目的保有資産 | 1,600 | 未払法人税 | 20,010 |
| 流動資産計 | 240,515 | その他未払費用 | 3,974 |
| | | 引当金 | 1,965 ① |
| | | その他の流動負債 | 14,624 |
| | | 流動負債計 | 103,024 |
| 非流動資産 | | | |
| 土地 | 13,000 | 非流動負債 | |
| 建物 | 23,730 | 長期借入金 | 70,000 |
| 機械 | 31,500 | 年金負債 | 30,000 |
| 工具器具備品 | 35,100 | リース負債 | 6,982 |
| 使用権資産 | 9,218 | 繰延税金負債－非流動 | 250 |
| 減価償却累計額 | △22,890 | 非流動負債計 | 107,232 |
| 投資有価証券 | 67,970 | 負債合計 | 210,256 |
| 持分法投資 | 9,700 | 資本 | |
| その他の投資 | 5,541 | 資本金 | 80,000 |
| のれん | 7,620 | 資本剰余金 | 80,716 |
| その他無形資産 | 44,270 | 利益剰余金 | 145,118 |
| 保証金 | 16,400 | 非支配持分 | 1,188 |
| 繰延税金資産 | 30,104 | 自己株式 | △5,500 |
| 非流動資産計 | 271,263 | 資本計 | 301,522 |
| 資産計 | 511,778 | 負債および資本合計 | 511,778 |

①　資産除去債務は IFRS では引当金ですが，日本基準ではその他の流動負債に含まれています。IFRS では，金額の重要性から，引当金への振替はしていません。

## J．2021年 3 月31日現在の「IFRS 連結財政状態計算書」

IFRS の連結試算表（F − 2 ）から2021年 3 月31日現在の IFRS 連結財政状態計算書を作成します。強制表示項目に関しては153ページを参照してください。

[IFRS 連結財政状態計算書（2021年 3 月31日現在）]　　　　　　（単位：百万円）

| 流動資産 | | 流動負債 | |
|---|---:|---|---:|
| 　現金および現金同等物 | 57,494 | 　短期借入金 | 13,000 |
| 　売掛金（貸倒引当金控除後） | 126,673 | 　 1 年内返済予定長期借入金 | 10,000 |
| 　棚卸資産 | 63,587 | 　 1 年内返済予定リース負債 | 2,281 |
| 　その他の流動資産 | 12,257 | 　買掛金 | 20,750 |
| 　非継続事業の資産 | 225 | 　未払法人税 | 18,810 |
| 流動資産計 | 260,236 | 　その他未払費用 | 10,100 |
| | | 　引当金 | 2,021 ① |
| | | 　その他の流動負債 | 16,775 |
| | | 流動負債計 | 93,737 |
| 非流動資産 | | 非流動負債 | |
| 　土地 | 12,900 | 　長期借入金 | 40,000 |
| 　建物 | 23,530 | 　年金負債 | 30,500 |
| 　機械 | 35,000 | 　リース負債 | 4,701 |
| 　工具器具備品 | 38,622 | 　繰延税金負債 − 非流動 | 350 |
| 　建設仮勘定 | 4,038 | 非流動負債計 | 75,551 |
| 　使用権資産 | 6,913 | 負債合計 | 169,288 |
| 　減価償却累計額 | △27,679 | | |
| 　投資有価証券 | 26,920 | 資本 | |
| 　持分法投資 | 10,000 | 　資本金 | 80,000 |
| 　その他の投資 | 6,731 | 　資本剰余金 | 80,916 |
| 　のれん | 7,620 | 　利益剰余金 | 171,542 |
| 　その他無形資産 | 42,190 | 　その他の包括利益累計額 | △200 |
| 　保証金 | 15,400 | 　非支配持分 | 1,888 |
| 　繰延税金資産 | 36,013 | 　自己株式 | △5,000 |
| 非流動資産計 | 238,198 | 資本計 | 329,146 |
| 資産計 | 498,434 | 負債および資本合計 | 498,434 |

① 　資産除去債務は IFRS では引当金ですが，日本基準ではその他の流動負債に含まれています。IFRS では，金額の重要性から，引当金への振替はしていません。

## K．2021年3月31日終了年度の「IFRS 連結包括利益計算書」

IFRS の連結試算表（F－4）から2021年3月31日終了年度の IFRS 連結包括利益計算書を作成します。なお，組替株式会社は，1計算書方式，費用機能法を採用しています（154ページ参照）。

IFRS では，「その他の包括利益」の税効果に関しては，包括利益計算書の本体で示すか，注記で示すかの選択ができます（IAS1.91）。組替株式会社は，注記で示す選択をしました。その他の包括利益の表示に関して，リサイクリングされる項目とリサイクリングされない項目の表示を要求しています（IAS1.82A&91）。強制表示項目に関しては150ページを参照してください。

[IFRS 連結包括利益計算書（2021年3月31日終了年度）]　　（単位：百万円）

| | |
|---|---:|
| 売上高 | 459,867 |
| 売上原価 | 231,223 |
| 売上総利益 | 228,644 |
| 開発費 | 5,100 |
| 一般管理費 | 156,095 |
| 営業利益 | 67,449 |
| 金融損益 | |
| 　受取利息 | 55 |
| 　支払利息 | △2,867 |
| 　金融損益計 | △2,812 |
| 投資損益 | |
| 　投資の評価減 | △7,500 |
| 為替差損損 | △69 |
| 持分法損益 | 500 |
| 税前利益 | 57,568 |
| 当期法人税 | 31,140 |
| 繰延法人税 | △2,822 |
| 　法人税計 | 28,318 |
| 継続事業からの利益 | 29,250 |
| 非継続事業からの損失 | △180 |
| 当期利益 | 29,070 |

| | |
|---|---:|
| その他の包括利益 | |
| 　リサイクリングされる項目 | |
| 　　為替換算調整勘定 | △210 |
| 　リサイクリングされない項目 | |
| 　　株式未実現損益 | 2,765 |
| 　　年金に関する再測定 | △351 |
| 　その他の包括利益計（税効果後） | 2,204 |
| 当期包括利益 | 31,274 |
| | |
| 親会社の株主に帰属する当期利益 | 28,360 |
| 非支配持分に帰属する当期利益 | 710 ① |
| 当期利益 | 29,070 |
| 親会社の株主に帰属する包括利益 | 30,574 |
| 非支配持分に帰属する包括利益 | 700 ② |
| 包括利益 | 31,274 |

①　F－4の「非支配持分に帰属する損益」と一致させます。
②　①－以下の「2021年3月31日終了年度のその他の包括利益累計額の増減表」の非支配持分（10百万円）。

　「その他の包括利益」の税効果に関して，組替株式会社は注記で示す選択をしたので，包括利益計算書の本体では，その他の包括利益の各項目は，税効果後の金額で示されています。組替株式会社は税効果の金額について注記で開示をします。

　その他の包括利益の金額を把握するためには，通常は，「その他の包括利益累計額」の勘定は設定しますが，「その他の包括利益」の勘定を設定しないことが多いため（24ページ参照），「その他の包括利益累計額」の増減明細を作成することが必要となります。また，作成のためには，子会社・関連会社から「連結パッケージ」で関連する数値を入手しなければならず，「連結パッケージ」にはそれらの情報を含めるようにしなければなりません。

　以下が2021年3月31日終了年度の「その他の包括利益累計額」の増減表です。

[2021年３月31日終了年度の「その他の包括利益累計額」の増減表]

貸方（借方） （単位：百万円）

| | 為替換算調整勘定<sup>(注1)</sup> | | 株式損益<sup>(注2)</sup> | | 年金の再調整<sup>(注3)</sup> | | 合計 | |
|---|---|---|---|---|---|---|---|---|
| | 税効果前 | 税効果後 | 税効果前 | 税効果後 | 税効果前 | 税効果後 | 税効果前 | 税効果後 |
| 期首 | 0 | 0 | 0 | 0 | 0 | 0 | 0 | 0 |
| 発生<sup>(注4)</sup> | (210) | (210) | 3,950 | 2,765 | (502) | (351) | 3,238 | 2.204 |
| 非支配持分振替 | 10 | 10 | | | | | 10 | 10 |
| 振替<sup>(注5)</sup> | | | (3,950) | (2,765) | 502 | 351 | (3,448) | (2,414) |
| 期末 | (200) | (200) | 0 | 0 | 0 | 0 | (200) | (200) |

(注1)　組替株式会社は，IFRS初度適用の免除規定を使用して，為替換算調整勘定について，IFRS移行日現在の残高を全額利益剰余金に振り替えています（144ページ参照）。また，税効果は認識していません。

(注2)　FVTOCI（株式）については，リサイクリングは認められませんが，資本の部の他の勘定への振替は認められており，組替株式会社は，その他の包括利益の発生時に利益剰余金に振り替えます（61ページ参照）。したがって，「その他の包括利益累計額」の残高はゼロになります。

(注3)　年金の再調整については，リサイクリングは認められませんが，資本の部の他の勘定への振替は認められており，組替株式会社は，その他の包括利益の発生時に利益剰余金に振り替えます（103ページ参照）。したがって，「その他の包括利益累計額」の残高はゼロになります。

(注4)　株式損益については64ページ，年金の再調整については107ページを参照してください。

(注5)　利益剰余金の振替額です。税効果後の金額がＦ－４の「AOCIからの振替」に一致します。

　組替株式会社の注記での「その他の包括利益」の税効果の開示は，以下のとおりです。

---

2021年 3 月31日終了年度の「その他の包括利益」の明細は以下のとおりです。

[2021年 3 月31日終了年度の「その他の包括利益」の明細]

| 項　　目 | 税効果前 | 税効果（実効税率30％） | 税効果後 |
|---|---|---|---|
| 為替換算調整勘定 | | | |
| 　発生額<sup>(※)</sup> | △210 | | △210 |
| 株式損益 | | | |
| 　発生額<sup>(※)</sup> | 3,950 | (1,185) | 2,765 |
| 　振替額 | △3,950 | 1,185 | △2,765 |
| 年金の再調整 | | | |
| 　発生額<sup>(※)</sup> | △502 | 151 | △351 |
| 　振替額 | 502 | (151) | 351 |
| その他の包括利益累計額の増減 | △210 | | △210 |
| その他の包括利益（(※)の合計） | 3,238 | (1,034) | 2,204 |

## Ｌ．2021年３月31日終了年度の「IFRS 連結キャッシュ・フロー計算書」

　Hから2021年３月31日終了年度の IFRS 連結キャッシュ・フロー計算書を作成します。

[IFRS 連結キャッシュ・フロー計算書（2021年３月31日終了年度）]　（単位：百万円）

| | |
|---|---:|
| 継続事業からの利益 | 29,250 |
| 非継続事業の税引前損失 | △200 |
| 調整 | |
| 　減価償却 | 6,114 |
| 　無形資産の償却 | 3,060 |
| 　使用権資産の償却 | 2,305 |
| 　配当金控除後の持分法損益 | △300 |
| 　繰延税金費用 | △2,822 |
| 　当期税金費用 | 31,140 |
| 　拠出金控除後の年金費用 | △2 |
| 　貸倒引当金繰入（△戻入れ） | △200 |
| 　その他引当金繰入 | 56 |
| 　減損戻入益 | △1,200 |
| 　固定資産売却・除却損 | 1,103 |
| 　受取利息 | △55 |
| 　支払利息 | 2,867 |
| 　売掛金の減少 | 1,950 |
| 　棚卸資産の減少 | 564 |
| 　前払費用とその他の流動資産の増加 | △199 |
| 　買掛金の減少 | △5,314 |
| 　その他の流動負債の増加 | 8,609 |
| 　小計 | 76,726 |
| 　利息支払額 | △2,905 |
| 　利息受領額 | 55 |
| 　法人税支払額 | △36,820 |
| 営業活動によるキャッシュ・フロー | 37,056 |
| 　固定資産の購入による支払 | △9,900 |

| | |
|---|---:|
| 　保証金の支払 | △1,800 |
| 　固定資産売却による手取り金 | 1,000 |
| 　その他有価証券の売却による手取り金 | 45,000 |
| 　その他の投資の購入による支払 | △1,200 |
| 投資活動によるキャッシュ・フロー | 33,100 |
| 　短期借入金の純減 | △11,000 |
| 　長期借入金の返済 | △30,000 |
| 　リース負債の返済 | △2,236 |
| 　自己株式の売却による手取り金 | 750 |
| 　配当金の支払 | △4,400 |
| 財務活動によるキャッシュ・フロー | △46,886 |
| 現金および現金同等物の減少 | 23,270 |
| 期首の現金および現金同等物 | 34,224 |
| 期末の現金および現金同等物 | 57,494 |

# M. 2021年3月31日終了年度の「IFRS連結持分変動計算書」

IFRS連結財政状態計算書（J）とIFRS連結包括利益計算書（K）を基礎に，以下の2021年3月31日終了年度のIFRS連結持分変動計算書を作成します。

[IFRS連結持分変動計算書（2021年3月31日終了年度）]　（単位：百万円）

| | 資本金 | 資本剰余金 | 利益剰余金 | その他の包括利益累計額 | | | 非支配持分 | 自己株式 | 合計 |
|---|---|---|---|---|---|---|---|---|---|
| | | | | 有価証券未実現損益 | 為替換算調整勘定 | 年金の再調整 | | | |
| 2020年4月1日（①） | 80,000 | 80,716 | 145,118 | 0 | 0 | 0 | 1,188 | △5,500 | 301,522 |
| 包括利益 | | | | | | | | | |
| 　当期利益（②） | | | 28,360 | | | | 710 | | 29,070 |
| 　その他の包括利益 | | | | | | | | | |
| 　　有価証券未実現損益 | | | | 2,765 | | | | | 2,765 |
| 　　為替換算調整勘定 | | | | | △200 | | △10 | | △210 |
| 　　再調整 | | | | | | △351 | | | △351 |
| 　その他の包括利益計 | | | | 2,765 | △200 | △351 | △10 | | 2,204 |
| 　包括利益計（③） | | | | | | | | | 31,274 |
| 自己株式の売却 | | 250 | | | | | | 500 | 750 |
| 支払配当 | | | △4,400 | | | | | | △4,400 |
| 振替 | | △50 | 2,464 | △2,765 | | 351 | | | 0 |
| 2021年3月31日（④） | 80,000 | 80,916 | 171,542 | 0 | △200 | 0 | 1,888 | △5,000 | 329,146 |

①　Iと一致させます。
②　Kと一致させます。
③　Kと一致させます。
④　Jと一致させます。

## N．IFRS 第 1 号で要求される2021年 3 月31日と2021年 3 月31日終了年度の日本基準と IFRS の調整表

　IFRS 初度適用企業は，これまでの会計基準と IFRS との差異についての開示が要求されます。ここでは，IFRS 移行日（2020年 4 月 1 日）の調整表の開示は示していませんが（調整項目が2021年 3 月31日の調整表の調整項目と似ているため），以前の会計基準（日本基準）で財務諸表が作成されていた直近の期末日（2021年 3 月31日）と直近の年度（2021年 3 月31日終了年度）についての調整表の開示を示しています。また，重要な項目については注記で説明されますが，ここでは代表的な 2 つの注記（利益剰余金と当期損益の調整）のみ示しています。

## N－1　2021年 3 月31日現在の日本基準と IFRS の資本の部の調整表

| 日本基準表示科目 | 日本基準 | 表示の組替 | 認識・測定の差異 | 注記 | IFRS | IFRS 表示科目 |
|---|---|---|---|---|---|---|
| 流動資産 | | | | | | 流動資産 |
| 　現金および現金同等物 | 57,494 | | | | 57,494 | 現金および現金同等物 |
| 　売掛金 | 128,273 | △1,800 | 200 | | 126,673 | 売掛金 |
| 　貸倒引当金 | △1,800 | 1,800 | | | | |
| 　棚卸資産 | 63,527 | | 60 | | 63,587 | 棚卸資産 |
| 　前払費用 | 2,715 | △2,715 | | | | |
| 　その他の流動資産 | 9,542 | 2,715 | | | 12,257 | その他の流動資産 |
| 　非継続事業の資産 | | 225 | | | 225 | 非継続事業の資産 |
| 流動資産計 | 259,751 | 225 | 260 | | 260,236 | 流動資産計 |
| 非流動資産 | | | | | | 非流動資産 |
| 　土地 | 13,000 | △100 | | | 12,900 | 土地 |
| 　建物 | 23,580 | △50 | | | 23,530 | 建物 |
| 　機械 | 35,000 | | | | 35,000 | 機械 |
| 　工具，器具，備品 | 38,652 | △30 | | | 38,622 | 工具，器具，備品 |
| 　建設仮勘定 | 4,000 | | 38 | | 4,038 | 建設仮勘定 |
| 　使用権資産 | | | 6,913 | | 6,913 | 使用権資産 |
| 　減価償却累計額 | △30,537 | 15 | 2,843 | | △27,679 | 減価償却累計額 |
| 　投資有価証券 | 27,000 | | △80 | | 26,920 | 投資有価証券 |
| 　持分法投資 | 10,000 | | | | 10,000 | 持分法投資 |
| 　その他の投資 | 6,741 | △10 | | | 6,731 | その他の投資 |
| 　のれん | 5,596 | | 2,024 | | 7,620 | のれん |
| 　その他の無形資産 | 42,000 | △20 | 210 | | 42,190 | その他の無形資産 |
| 　保証金 | 15,400 | | | | 15,400 | 保証金 |
| 　繰延税金資産 | 36,712 | △30 | △669 | | 36,013 | 繰延税金資産－非流動 |
| 　繰延資産 | 20 | | △20 | | 0 | |
| 非流動資産計 | 227,164 | △225 | 11,259 | | 238,198 | 非流動資産計 |
| 資産合計 | 486,915 | 0 | 11,519 | | 498,434 | 資産合計 |
| 流動負債 | | | | | | 流動負債 |
| 　短期借入金 | 13,000 | | | | 13,000 | 短期借入金 |
| 　1 年内の長期借入金 | 10,000 | | | | 10,000 | 1 年内の長期借入金 |
| 　1 年内のリース負債 | | | 2,281 | | 2,281 | 1 年内のリース負債 |
| 　買掛金 | 20,750 | | | | 20,750 | 買掛金 |
| 　前受金 | 10,050 | △10,050 | | | 0 | |
| 　未払法人税等 | 18,810 | | | | 18,810 | 未払法人税等 |
| 　製品保証引当金 | 120 | | 1,901 | | 2,021 | 引当金 |

| | | | | | | |
|---|---|---|---|---|---|---|
| その他の未払費用 | 10,100 | | | | 10,100 | その他の未払費用 |
| その他の流動負債 | 6,425 | 10,050 | 300 | | 16,775 | その他の流動負債 |
| 流動負債計 | 89,255 | | 4,482 | | 93,737 | 流動負債計 |
| 非流動負債 | | | | | | 非流動負債 |
| 　長期借入金 | 40,000 | | | | 40,000 | 長期借入金 |
| 　修繕引当金 | 1,500 | | △1,500 | | 0 | |
| 　年金負債 | 30,500 | | | | 30,500 | 年金負債 |
| 　リース負債 | | | 4,701 | | 4,701 | リース負債 |
| 　繰延税金負債 | 350 | | | | 350 | 繰延税金負債 – 非流動 |
| 非流動負債計 | 72,350 | 0 | 3,201 | | 75,551 | 非流動負債計 |
| 負債合計 | 161,605 | 0 | 7,683 | | 169,288 | 負債合計 |
| 資本 | | | | | | 資本 |
| 　資本金 | 80,000 | | | | 80,000 | 資本金 |
| 　資本剰余金 | 81,000 | | △84 | | 80,916 | 資本剰余金 |
| 　利益剰余金 | 166,732 | | 4,810 | 注1 | 171,542 | 利益剰余金 – 期末 |
| 　その他の包括利益累計額 | | | | | | その他の包括利益累計額 |
| 　　有価証券未実現損益 | 10,850 | | △10,850 | | 0 | |
| 　　為替換算調整勘定 | △1,400 | | 1,200 | | △200 | 為替換算調整勘定 |
| 　　数理計算上の差異 | △8,657 | | 8,657 | | 0 | |
| 　非支配持分 | 1,785 | | 103 | | 1,888 | 非支配持分 |
| 　自己株式 | △5,000 | | | | △5,000 | 自己株式 |
| 資本計 | 325,310 | | 3,836 | | 329,146 | 資本計 |
| 負債および資産合計 | 486,915 | | 11,519 | | 498,434 | 負債および資本合計 |

（注 1 ）　利益剰余金の調整

　　　2021年 3 月31日終了年度の IFRS の利益剰余金調整表（G）から作成した「2021年 3 月31日現在の日本基準の利益剰余金と IFRS の利益剰余金の調整」は次頁のとおりです。

（単位：百万円）

| 仕訳番号<br>（参考） | IFRS 組替仕訳の内容等 | 金額 |
|---|---|---|
| | 日本基準の利益剰余金 | 166,732 |
| 1 | 貸倒引当金 | 140 |
| 2 | 棚卸資産 | 42 |
| 3 | 株式の公正価値評価（リサイクリング禁止） | 10,745 |
| 5 | 減価償却方法の定額法への変更 | 3,064 |
| 6 | コンポーネント会計 | △24 |
| 8 | 資産計上した開発費の償却 | 147 |
| 9 | リース会計 | △48 |
| 10 | 繰延資産 | 70 |
| 11 | 有給休暇引当金 | △1,331 |
| 12 | 年金会計 | △8,657 |
| 13 | 未実現の内部利益の税率の違い | 45 |
| 15 | 利息の資産化 | 27 |
| 17 | 過去の企業結合ののれんの修正 | 101 |
| 18 | のれんの償却戻し | 1,800 |
| 19 | 投資（以前の持分法投資）の再評価 | 49 |
| 20 | 非支配持分の損失負担 | 50 |
| 21 | 為替換算調整勘定の免除規定の使用 | △1,200 |
| 22 | ヘッジ会計の非適用 | △210 |
| | IFRS 組替仕訳の合計 | 4,810 |
| | IFRS の利益剰余金 | 171,542 |

## N－2　2021年3月31日終了年度の包括利益の調整表

| 日本基準表示科目 | 日本基準 | 表示の組替 | 認識・測定の差異 | 注記 | IFRS | IFRS 表示科目 |
|---|---|---|---|---|---|---|
| 売上高 | 462,867 | | △3,000 | | 459,867 | 売上高 |
| 売上原価 | △234,335 | | 3,112 | | △231,223 | 売上原価 |
| 売上総利益 | 228,532 | | 112 | | 228,644 | 売上総利益 |
| 開発費 | △5,100 | | 0 | | △5,100 | 開発費 |
| 販売費および一般管理費 | △138,649 | △20,451 | 3,005 | | △156,095 | 販売費および一般管理費 |
| のれんの償却 | △1,857 | | 1,857 | | 0 | |
| 無形資産の償却 | △19,000 | 19,000 | 0 | | 0 | |
| 営業利益 | 63,926 | △1,451 | 4,974 | | 67,449 | 営業利益 |
| 営業外利益 | | | | | | 金融損益 |
| 受取利息 | 55 | | | | 55 | 受取利息 |
| 有価証券売却益 | 15,000 | | △15,000 | | 0 | |
| 営業外損失 | | | | | | |
| 支払利息 | △2,741 | | △126 | | △2,867 | 支払利息 |
| 固定資産の売除却損 | △1,451 | 1,451 | | | 0 | 投資損益 |
| 投資の評価損 | △10,500 | | 3,000 | | △7,500 | 投資の評価損 |
| 為替差損益 | 31 | | △100 | | △69 | 為替差損 |
| 経常損益 | 64,320 | | | | | |
| 特別利益 | | | | | | |
| 新株引受権戻し益 | 50 | | △50 | | 0 | |
| 持分法損益 | 500 | | 0 | | 500 | 持分法損益 |
| 税前利益 | 64,870 | 0 | △7,302 | | 57,568 | 税前利益 |
| 法人税 | △31,100 | | 2,782 | | △28,318 | 法人税 |
| | | | | | 29,250 | 継続事業からの利益 |
| | | | △180 | | △180 | 非継続事業からの損失 |
| 当期純利益 | 33,770 | 0 | △4,700 | 注2 | 29,070 | 当期利益 |
| その他の包括利益 | | | | | | その他の包括利益 |
| 有価証券未実現損益 | △5,600 | | 8,365 | | 2,765 | 株式未実現損益 |
| 為替換算調整勘定 | △210 | | | | △210 | 為替換算調整勘定 |
| 数理計算上の差異 | 43 | | △394 | | △351 | 年金の再調整 |
| その他の包括利益計 | △5,767 | | 7,971 | | 2,204 | その他の包括利益計 |
| 包括利益 | 28,003 | | 3,271 | | 31,274 | 包括利益 |

（注2）　当期利益の調整

　　　　「2021年3月31日現在の日本基準の当期純利益とIFRSの当期損益の調整」は次頁のとおりです（2021年3月31日終了年度のIFRSの利益剰余金調整表（G）から作成します）。

216

（単位：百万円）

| 仕訳番号<br>（参考） | IFRS 組替仕訳の内容等 | 金額 |
|---|---|---|
| | 日本基準の当期純利益 | 33,770 |
| 1 | 貸倒引当金 | 350 |
| 2 | 棚卸資産 | 42 |
| 3 | 株式の公正価値評価（リサイクリング禁止） | △8,400 |
| 4 | 売却目的保有資産の評価減の実現 | 553 |
| 5 | 減価償却方法の定額法への変更 | △365 |
| 6 | コンポーネント会計 | △24 |
| 7 | 減損損失の戻し | 1,050 |
| 8 | 資産計上した開発費の償却 | △42 |
| 9 | リース会計 | △48 |
| 10 | 繰延資産 | 42 |
| 11 | 有給休暇引当金 | △25 |
| 12 | 年金会計 | 394 |
| 13 | 未実現の内部利益の税率の違い | 9 |
| 14 | ストック・オプション未行使部分 | △50 |
| 15 | 利息の資産化 | 27 |
| 17 | 過去の企業結合ののれんの修正 | 57 |
| 18 | のれんの償却戻し | 1,800 |
| 22 | ヘッジ会計の非適用 | △70 |
| | IFRS 組替仕訳の合計 | △4,700 |
| | IFRS の当期利益 | 29,070 |

　日本基準でも以下の包括利益の計算のために，IFRS と同様にその他の包括利益累計額の増減表を作成する必要があります。

（単位：百万円）

| | |
|---|---|
| 当期純利益 | 33,770 |
| その他の包括利益 | |
| 　有価証券未実現損益 | △5,600 |
| 　為替換算調整勘定 | △210 |
| 　数理計算上の差異 | 43 |
| 　その他の包括利益計 | △5,767 |
| 包括利益 | 28,003 |

[日本基準の2021年 3 月31日終了年度のその他の包括利益累計額の増減表]

貸方（借方）　　　　　　　　　　　　　　　　　　　　　　（単位：百万円）

| | 為替換算調整勘定 | | 株式損益(注1) | | 数理計算上の差異(注2) | | 合計 | |
|---|---|---|---|---|---|---|---|---|
| | 税効果前 | 税効果後 | 税効果前 | 税効果後 | 税効果前 | 税効果後 | 税効果前 | 税効果後 |
| 期首 | (1,200) | (1,200) | 23,500 | 16,450 | (12,429) | (8,700) | 9,871 | 6,550 |
| 発生 | (210) | (210) | 4,000 | 2,800 | (574) | (402) | 3,216 | 2,188 |
| 実現 | | | (12,000) | (8,400) | 636 | 445 | (11,364) | (7,955) |
| Net(注4) | (210) | (210) | (8,000) | (5,600) | 62 | 43 | (8,148) | (5,767) |
| 振替(注3) | 10 | 10 | | | | | 10 | 10 |
| 期末 | (1,400) | (1,400) | 15,500 | 10,850 | (12,367) | (8,657) | 1,733 | 793 |

（注1）　62ページ参照
（注2）　106ページ参照
（注3）　非支配持分への振替
（注4）　税効果後の金額が「その他の包括利益」の計上金額

# 第7章

# 2年目以降の留意点

　IFRSの初度適用年度後（最初のIFRS適用年度の最後の手続となる有価証券報告書を提出した後）も，継続してIFRSの財務諸表を作成することになります。では，IFRS初度適用後にはどのような点に注意する必要があるのでしょうか？

## (1) 新しい基準書

　IASBとFASBは共同プロジェクトとして重要な基準書の策定を行ってきましたが，残念ながら，結果は失敗といってよいでしょう。なぜなら，まず，重要な基準書の発行期限を2011年6月と決めましたが，この期限を守ることはできませんでした。その後，IASBとFASBは，別個に，異なった内容の共同プロジェクトの対象であった基準書を発行しました。例外は，収益の認識に関する基準書で，その内容はIFRSと米国基準はほぼ同じになっています。他の重要な基準書である「金融商品」と「リース」は内容が異なるものとなってしまいました。また「保険」に関しては，FASBは新しい基準書をいまだに発行していません。

　しかし，重要な基準書は発行されたといっても，IASBは今後も基準書や解釈指針を発行することが予想されますので，その内容については常に注意を払い，それらの会社への影響の把握に努めるべきです。最終基準書が発行される前には必ず公開草案が発行されますので，まずは公開草案が発行された時点で

その内容を把握しましょう。

## ⑵　子会社・関連会社のサポート

　IFRS を理解するには時間を要します。親会社の担当者は，IFRS と向かい合う時間の蓄積により，IFRS に関する知識は増加していくと考えます。一方，子会社・関連会社では，IFRS に触れる時間が少なく，また，IFRS に関与することの重要性が比較的乏しいために，なかなか親会社の担当者のようにはいきません。ですから，子会社・関連会社で会計的な問題が発生するリスクがあるので，親会社の担当者は子会社・関連会社のサポートを継続的に行うことが重要です。

## ⑶　企業結合での評価差額

　M&A により子会社・関連会社になった会社については，企業結合会計により「帳簿価額」とは異なった「連結上の価額（取得日の公正価値）」が付される資産・負債が発生します。企業結合会計が被取得企業の資産・負債を取得日の公正価値で評価することを要求しているからです。償却する有形固定資産について公正価値が帳簿価額と異なることは，その後の減価償却に影響を及ぼします。また，子会社・関連会社が，その他の有価証券の未実現損益を「その他の包括利益累計額」に計上している場合には，取得日の公正価値評価により，「その他の包括利益累計額」はゼロになります。

　言いたいことは，これらの評価差額（のれんを含めて）のその後の会計上の管理が必要となりますが，その管理は誰が行うのかを明確にすることが重要であるということです。理論的には，それらの資産・負債に一番近い存在である子会社・関連会社が管理すべきです。のれんの減損テストの実施や，評価差額のある有形固定資産の売却・除却損益の把握は，実務上では子会社で実施しないと効果的ではなく，適切な会計のためには，会計上の管理の問題をクリアーにする必要があります。

## ⑷　子会社の IFRS 財務諸表の作成と管理会計

　組替株式会社では，IFRS 組替仕訳は親会社が作成していますが，理想としては子会社が IFRS 組替仕訳を作成して，IFRS の財務諸表を完成させ，それを連結パッケージに含めることです。そのためには，子会社の担当者に IFRS を十分に理解させることが不可欠です。親会社で子会社に関係する IFRS 組替仕訳を作成する場合にも，丁寧に IFRS 組替仕訳の内容と影響について子会社に説明し，子会社の IFRS の数値を認識させることは重要です。

　また，IFRS の採用は，財務会計ばかりでなく，管理会計とも連動すべきです。海外子会社について従来は異なった会計基準の数値で管理を行ってきたと思われます。IFRS 適用後は，「連結の数値のみ IFRS」という状況になる可能性があり，管理会計のベースをどの会計基準に置くかの検討は重要です。

## ⑸　重要性のフォロー

　日本基準と IFRS のすべての差異を把握し，その中で企業に影響のある，かつ企業にとって重要性のあるものについて IFRS 組替仕訳を作成することになります。当然ながら，重要性のある IFRS 組替仕訳を作成しないことは，IFRS に準拠した財務諸表を作成していないことになる可能性があります。IFRS 適用後で留意すべきことは，重要性がないために IFRS 組替仕訳を作成しなかった差異が，将来においても重要性がないかどうかのチェックを行うことです。

## ⑹　表示科目の見直し

　IFRS では強制表示科目が規定されていますが，その他の科目の表示は企業の判断に委ねられています。IFRS 適用年度以後の年度においては，その後の状況の変化や科目の金額の増減を基礎に，追加の科目の表示や科目の統合を考える必要があります。

# 付録1　IFRS の一覧表

2021年5月末現在の基準書と解釈指針のリストは以下のとおりです。

【IAS 一覧】

| IAS | 表　題 |
|---|---|
| IAS 第1号 | 「財務諸表の表示（Presentation of Financial Statements）」 |
| IAS 第2号 | 「棚卸資産（Inventories）」 |
| IAS 第7号 | 「キャッシュ・フロー計算書（Statement of Cash Flows）」 |
| IAS 第8号 | 「会計方針，会計上の見積りの変更及び誤謬（Accounting Policies, Changes in Accounting Estimates and Errors）」 |
| IAS 第10号 | 「後発事象（Events after the Reporting Period）」 |
| IAS 第12号 | 「法人所得税（Income Taxes）」 |
| IAS 第16号 | 「有形固定資産（Property, Plant and Equipment）」 |
| IAS 第17号 | 「リース（Leases）」 |
| IAS 第19号 | 「従業員給付（Employee Benefits）」 |
| IAS 第20号 | 「政府補助金の会計処理及び政府援助の開示（Accounting for Government Grants and Disclosure of Government Assistance）」 |
| IAS 第21号 | 「外国為替レート変動の影響（The Effects of Changes in Foreign Exchange Rates）」 |
| IAS 第23号 | 「借入コスト（Borrowing Costs）」 |
| IAS 第24号 | 「関連当事者についての開示（Related Party Disclosures）」 |
| IAS 第26号 | 「退職給付制度の会計及び報告（Accounting and Reporting by Retirement Benefit Plans）」 |
| IAS 第27号 | 「個別財務諸表（Separate Financial Statements）」 |
| IAS 第28号 | 「関連会社及び共同支配企業に対する投資（Investments in Associates and Joint Ventures）」 |

| IAS 第29号 | 「超インフレ経済下における財務報告（Financial Reporting in Hyperinflationary Economies）」 |
|---|---|
| IAS 第32号 | 「金融商品：表示（Financial Instruments：Presentation）」 |
| IAS 第33号 | 「1株当たり利益（Earnings per Share）」 |
| IAS 第34号 | 「期中財務報告（Interim Financial Reporting）」 |
| IAS 第36号 | 「資産の減損（Impairment of Assets）」 |
| IAS 第37号 | 「引当金，偶発負債及び偶発資産（Provisions, Contingent Liabilities and Contingent Assets）」 |
| IAS 第38号 | 「無形資産（Intangible Assets）」 |
| IAS 第39号 | 「金融商品：認識及び測定（Financial Instruments：Recognition and Measurement）」 |
| IAS 第40号 | 「投資不動産（Investment Property）」 |
| IAS 第41号 | 「農業（Agriculture）」 |

## 【IFRS 一覧】

| IFRS | 表　題 |
|---|---|
| IFRS 第1号 | 「国際財務報告基準の初度適用（First-time Adoption of International Financial Reporting Standards）」 |
| IFRS 第2号 | 「株式に基づく報酬（Share-based Payment）」 |
| IFRS 第3号 | 「企業結合（Business Combinations）」 |
| IFRS 第4号 | 「保険契約（Insurance Contracts）」 |
| IFRS 第5号 | 「売却目的で保有する非流動資産及び非継続事業（Non-current Assets Held for Sale and Discontinued Operations）」 |
| IFRS 第6号 | 「鉱物資源の探査及び評価（Exploration for and Evaluation of Mineral Resources）」 |
| IFRS 第7号 | 「金融商品：開示（Financial Instruments：Disclosures）」 |
| IFRS 第8号 | 「事業セグメント（Operating Segments）」 |
| IFRS 第9号 | 「金融商品（Financial Instruments）」（2014年） |
| IFRS 第10号 | 「連結財務諸表（Consolidated Financial Statements）」 |

| IFRS 第11号 | 「共同支配の取決め（Joint Arrangements）」 |
| --- | --- |
| IFRS 第12号 | 「他の企業への関与の開示（Disclosure of Interests in Other Entities）」 |
| IFRS 第13号 | 「公正価値測定（Fair Value Measurement）」 |
| IFRS 第14号 | 「規制繰延勘定」（Regulatory Deferral Accounts） |
| IFRS 第15号 | 「顧客との契約から生じる収益」（Revenue from Contracts with Customers） |
| IFRS 第16号 | 「リース」（Leases） |
| IFRS 第17号 | 保険契約（Insurance Contacts） |

## 【解釈指針（SIC）一覧】

| SIC | 表　題 |
| --- | --- |
| SIC 第 7 号 | 「ユーロの導入（Introduction of the Euro）」 |
| SIC 第10号 | 「政府援助——営業活動と個別的な関係がない場合（Government Assistance——No Specific Relation to Operating Activities）」 |
| SIC 第25号 | 「法人所得税——企業又は株主の課税上の地位の変化（Income Taxes——Changes in the Tax Status of an Entity or its Shareholders）」 |
| SIC 第29号 | 「サービス委譲契約：開示（Service Concession Arrangements：Disclosures）」 |
| SIC 第32号 | 「無形資産——ウェブサイトのコスト（Intangible Assets——Web Site Costs）」 |

## 【解釈指針（IFRIC）一覧】

| IFRIC | 表　題 |
| --- | --- |
| IFRIC 第 1 号 | 「廃棄，原状回復及びそれらに類似する既存の負債の変動（Changes in Existing Decommissioning, Restoration and Similar Liabilities）」 |
| IFRIC 第 2 号 | 「協同組合に対する組合員の持分及び類似の金融商品（Members' Shares in Co-operative Entities and Similar Instruments）」 |

| IFRIC 第5号 | 「廃棄，原状回復及び環境再生ファンドから生じる持分に対する権利（Rights to Interests arising from Decommissioning, Restoration and Environmental Rehabilitation Funds）」 |
|---|---|
| IFRIC 第6号 | 「特定市場への参加から生じる負債――電気・電子機器廃棄物（Liabilities arising from Participating in a Specific Market――Waste Electrical and Electronic Equipment）」 |
| IFRIC 第7号 | 「IAS 第29号「超インフレ経済下における財務報告」に従った修正再表示アプローチの適用（Applying the Restatement Approach under IAS29 *Financial Reporting in Hyperinflationary Economies*）」 |
| IFRIC 第10号 | 「期中財務報告と減損（Interim Financial Reporting and Impairment）」 |
| IFRIC 第12号 | 「サービス委譲契約（Service Concession Arrangements）」 |
| IFRIC 第14号 | 「IAS 第19号――確定給付資産の上限，最低積立要件及びそれらの相互関係（IAS19――The Limit on a Defined Benefit Asset, Minimum Funding Requirements and their Interaction）」 |
| IFRIC 第16号 | 「在外営業活動体に対する純投資のヘッジ（Hedges of a Net Investment in a Foreign Operation）」 |
| IFRIC 第17号 | 「所有者に対する非現金資産の分配（Distributions of Non-cash Assets to Owners）」 |
| IFRIC 第19号 | 「資本性金融商品による金融負債の消滅（Extinguishing Financial Liabilities with Equity Instruments）」 |
| IFRIC 第20号 | 「露天掘り鉱山の生産フェーズにおける剥土コスト（Stripping Costs in the Production Phase of a Surface Mine）」 |
| IFRIC 第21号 | 「賦課金（Levies）」 |
| IFRIC 第22号 | 外貨建取引と前払・前受対価（Foreign Currency Transactions and advance consideration） |
| IFRIC 第23号 | 法人所得税の税務処理に関する不確実性（Uncertainty over Income Tax Treatments） |

# 付録2　IFRS 適用にあたり対応が必要な IFRS と日本基準の主な差異

　以下では，IFRS 適用にあたり対応が必要な IFRS と日本基準の<u>主な差異</u>について，「一般的に対応が必要な IFRS と日本基準の差異」と「特定の場合に対応が必要な IFRS と日本基準の差異」に区分して示しています。括弧の中のページは本書での対応に触れているページです。

[一般的に対応が必要な IFRS と日本基準の主な差異]

| 差　異 | 内　容 |
|---|---|
| 決算日（報告日）の統一<br>（35ページ） | IFRS では，親会社の報告日と子会社および関連会社の報告日の統一が，実務上不可能な場合を除き，要求されます。子会社および関連会社で決算日の変更ができない場合には，期末の決算と同様な仮決算をすることで対応が可能です。 |
| 貸倒引当金（51ページ） | IFRS では予想信用損失の金額での計上を要求されます。 |
| 上場株式（59ページ） | IFRS では，上場株式は原則，FVTPL ですが，FVTOCI（株式）の選択は可能です。 |
| 固定資産の減価償却（72ページ） | IFRS では，固定資産の減価償却方法，耐用年数，残存価額に関して，税法に従うのではなく，経営者による適切な決定が要求されます。 |
| コンポーネント・アカウンティング（76ページ） | 日本基準では単一の耐用年数の固定資産に関して，IFRS において耐用年数が異なる部分は，区分して償却されます。特別修繕引当金の計上は認められません。 |
| 年金会計での再測定（数理計算上の差異）の償却方法（101ページ） | IFRS では，発生時に全額，「その他の包括利益」として計上され，償却されません。 |

| 有給休暇の引当て（97ページ） | IFRSでは，日本基準にはない有給休暇の引当てが要求されます。日本では有給休暇の現金買取が禁止されていますが，次期以降に繰越しできる場合には，引当てが必要です。 |
|---|---|
| 非上場株式の評価（60ページ） | IFRSでは，日本基準とは異なり，取得原価ではなく公正価値による評価が要求されます。 |
| のれんの償却と減損（132ページ） | IFRSでは，のれんは償却されず，減損テストが行われます。 |
| 連結グループ内取引の未実現利益の税効果の税率（109ページ） | 日本基準では売却側の税率，IFRSでは購入側の税率が使用されます。 |
| 営業外損益・特別損益－表示（150ページ） | IFRSでは特別損益の概念はなく，また営業外損益の概念は日本基準とは異なっており，包括利益計算書での表示の変更が必要です。 |

[特定の場合に対応が必要な IFRS と日本基準の主な差異]

| 差　異 | 対応が必要な場合と内容 |
|---|---|
| 利息の資産化（117ページ） | 大規模な固定資産（工場など）を建設する場合，IFRSでは，利息の資産化が強制されます。 |
| 減損損失の戻入れ（80ページ） | 過去に減損損失を計上し，減損損失の戻入れの兆候がある場合，IFRSでは，減損損失の戻入れが強制されます。 |
| 開発費の資産計上（85ページ） | 開発活動を行っている場合，一定の条件を満たした開発費の資産計上が強制されます。 |
| リース資産（89ページ） | 日本基準のオペレーティング・リースは資産計上されませんが，IFRSでは日本基準のオペレーティング・リースに該当する場合も「使用権資産」と「リース負債」が追加されます。 |
| 繰越欠損金に関する繰延税金資産 | 繰越欠損金のあるグループ会社がある場合，繰越欠損金に関する繰延税金資産を計上することが，日本基準より難しいとされています。 |
| 負債と資本の区分 | 金融商品（優先株式，転換権付き社債など）を発行した場合には，負債と資本の区分が要求されます。 |

| 金融負債の発行費用 | 金融負債の発行費用がある場合，金融負債から控除され，償却原価で測定されます。 |
|---|---|
| 新株交付費（94ページ） | 過去に新株交付費が発生している場合，資産の部から控除されます。 |
| ヘッジ会計（146ページ） | ヘッジ会計を適用している場合，その適用要件が日本基準よりも厳しく，ヘッジ会計が認められないことがあります。 |
| 金融資産の認識の中止 | 金融資産の認識の中止についての条件は，日本基準とIFRSでは異なっていることから，IFRSで認識の中止が認められない場合があります。 |
| 売却目的保有資産－会計処理（68ページ，121ページ） | 売却目的保有資産がある場合，低価法で評価されます。 |
| 売却目的保有資産－表示（68ページ） | 売却目的保有資産がある場合，財政状態計算書での区分表示が要求され，また，非継続事業に該当する場合には，包括利益計算書でも区分表示が要求されます。 |
| 非支配持分ののれん（125ページ） | IFRSで非支配持分ののれんを計上する会計方針を採用した場合には，IFRS組替仕訳が必要となります。 |
| 支配または重要な影響の喪失（135ページ） | IFRSでは，残余の投資がある場合には，公正価値での評価が要求されます。 |
| 非支配持分の損失負担（140ページ） | IFRSでは，非支配持分が存在する子会社に欠損金が発生した場合には，非支配持分も損失を負担します。 |

# 付録3　IFRS 初度適用の免除項目

　IFRS は，IFRS 初度適用企業のために，IFRS 第1号という基準書を用意し，その中で IFRS 初度適用企業の実務的な負担の軽減のため，選択することができる免除規定を設けています。41ページでは一般的に選択される可能性が高い免除規定（以下の1〜6）を挙げていますが，以下はその他の免除規定です。

| | 項　目 | 内　　容 | IFRS の規定 |
|---|---|---|---|
| 1 | 企業結合 | IFRS 移行日前またはそれより以前の日に行われた企業結合について IFRS 第3号「企業結合」を適用しない。 | IFRS1.C |
| 2 | みなし原価（取得原価の代用） | IFRS 移行日現在で，有形固定資産，投資不動産（原価モデルの場合），または無形固定資産について公正価値で測定した「みなし原価」を使用してもよい。 | IFRS1.D5〜D8 |
| 3 | 為替換算差額 | 在外子会社等の財務諸表の換算から生じる外貨換算差額を，IFRS 移行日現在でゼロとみなすことができる。 | IFRS1.D12&D13 |
| 4 | 株式報酬取引 | IFRS 移行日より前に権利確定したストック・オプションには IFRS 第2号の適用が要求されない。 | IFRS1.D2&D3 |
| 5 | 借入費用 | IFRS 移行日またはそれより前の日のいずれかから IAS 第23号「借入コスト」を適用できる。 | IFRS1.D23 |
| 6 | リース | IFRS 移行日のリースについては，「リースの計算利率」ではなく「追加借入利子率」を使用できる。 | IFRS1.D9&D9B〜D9E |

| 7 | 子会社，共同支配会社および関連会社に対する投資 | 子会社，共同支配会社，関連会社への投資については，「みなし原価」として「以前に採用していた基準での取得原価」を使用できる。 | IFRS1.D14〜D15A |
|---|---|---|---|
| 8 | 子会社，共同支配会社および関連会社（子会社等）の資産および負債 | 同じ連結集団内で，子会社等が親会社より遅く IFRS 適用企業となる場合には，子会社等の個別財務諸表では，資産および負債を，①連結手続や企業結合による連結修正がなければ，親会社の IFRS 移行日時点に基づく親会社の連結財務諸表に含められる帳簿価額と②子会社等の IFRS 移行日時点に基づく本基準書以外により要求される帳簿価額のいずれかによって認識する。 | IFRS1.D16&D17 |
| 9 | 複合金融商品 | IFRS 移行日現在で負債の残高がない場合には，資本部分について遡って区分処理する必要はない。 | IFRS1.D18 |
| 10 | 過去に認識した金融商品の指定 | 公正価値オプションの指定を当初認識日ではなく IFRS 移行日において行うことが認められる。 | IFRS1.D19〜D19C |
| 11 | 金融資産または金融負債の当初認識時の公正価値測定 | IFRS 移行日以降実行される取引について，活発な市場がない場合，同じ金融商品の市場取引との比較，または観察可能な使用からのデータのみを変数とした評価技法を，将来に向かって使用することができる。 | IFRS1.D20 |
| 12 | 有形固定資産の原価に算入される廃棄負債 | 条件を満たした場合，廃棄コストを有形固定資産の原価に算入しないことができる。 | IFRS1.D21&D21A |
| 13 | IFRIC 第12号「サービス委譲契約」 | IFRIC 第12号の経過措置を適用し，IFRIC 第12号に基づく金融資産または無形資産を，IFRS 移行日現在の従前の帳簿価額で計上することができる。 | IFRS1.D22 |

| 14 | IFRIC 第19号「資本性金融商品による金融負債の消滅」 | IFRIC 第19号の経過措置を適用し、IFRS 移行日以降において IFRIC 第19号を遡及適用することができる。 | IFRS1.D25 |
|---|---|---|---|
| 15 | 激しい超インフレ | IFRS 移行日が超インフレ終了日以後の場合には、超インフレ終了日前に保有していたすべての資産および負債を、IFRS 移行日に公正価値で測定し、「みなし原価」として使用できる。 | IFRS1.D29 |
| 16 | IFRS 第11号「共同支配の取決め」 | IFRS 第11号の適用による比例連結から持分法への変更、または持分法から共同支配事業に関する資産・負債の会計処理への変更を、IFRS 移行日現在の変更前の帳簿価額に基づいて行うことができる。 | IFRS1.D31 |
| 17 | IFRIC 第20号「露天掘り鉱山の生産フェーズにおける剥土コスト」 | IFRIC 第20号の適用前に認識した一定の旧剥土資産について、IFRIC 第20号に基づく剥土活動資産に組み替えることができる。 | IFRS1.D32 |
| 18 | 非金融商品項目の売買契約の指定 | 条件を満たした場合、公正価値オプションの指定を当初認識日ではなくIFRS 移行日において行うことが認められる。 | IFRS1.D33 |
| 19 | IFRS 第9号のための比較情報を修正再表示する要求の免除 | 比較情報は、IFRS 第7号「金融商品－開示」や IFRS 第9号（2014年）に従う必要はなく、従来の GAAP（IAS 第39号または、日本企業の場合には日本基準）を使用できる。 | IFRS1.E1&E2 |
| 20 | IFRIC 第23号「法人所得税の税務処理に関する不確実性」 | 比較情報に、IFRIC 第23号を適用しないことができる。 | IFRS1.E8 |

## 【著者紹介】

### 長谷川茂男（はせがわ　しげお）

公認会計士
前 中央大学専門職大学院 国際会計研究科 特任教授

1974年3月　福島大学経済学部卒業
1974年10月　公認会計士2次試験合格
1974年11月　デロイト・ハスキンズ・アンド・セルズ会計事務所（現有限責任監査法人トーマツ）入所
1994年7月～1998年8月　デロイト・アンド・トウシュ・トロント事務所に出向
2006年1月　有限責任監査法人トーマツ　グローバル・サービス・グループ　グループ長
2010年6月　有限責任監査法人トーマツ　IFRS センター・オブ・エクセレンス　リーダー
2013年9月　有限責任監査法人トーマツ退所

著書・共著書・訳書
「国際財務報告基準の実務」（中央経済社），「会計センス養成講座」（中央経済社），「M&A の会計実務」（中央経済社），「会計コンバージェンスのしくみ」（中央経済社），「IFRS の経理入門」（中央経済社），「英和・和英　コンパクト IFRS 用語辞典」（中央経済社），「IFRS 適用のための修正仕訳ガイドブック」（中央経済社），「IFRS の開示ガイドブック」（中央経済社），「米国会計基準ガイドブック」（中央経済社），「○×でわかる IFRS の基礎知識」（中央経済社），「表解 IFRS 会計講義」（中央経済社），「IFRS 企業結合会計の実務」（中央経済社）

## IFRS 財務諸表への組替仕訳ハンドブック（第2版）

2017年1月25日　第1版第1刷発行
2021年7月20日　第2版第1刷発行

著者　長　谷　川　茂　男
発行者　山　本　　　継
発行所　㈱中央経済社
発売元　㈱中央経済グループ
　　　　パブリッシング

〒101-0051　東京都千代田区神田神保町1-31-2
電話　03 (3293) 3371（編集代表）
　　　03 (3293) 3381（営業代表）
https://www.chuokeizai.co.jp
印刷／昭和情報プロセス㈱
製本／誠　製　本　㈱

©2021
Printed in Japan

＊頁の「欠落」や「順序違い」などがありましたらお取り替えいたしますので発売元までご送付ください。（送料小社負担）

ISBN978-4-502-39541-3　C3034